城市大脑导论

杭州城市大脑协同创新基地课题组　编著

電子工業出版社
Publishing House of Electronics Industry
北京 • BEIJING

内 容 简 介

自 2016 年杭州市首次提出“城市大脑”的概念以来，城市大脑就在城市治理方面发挥着越来越重要的作用。针对新冠肺炎疫情，杭州市创造性地开发了“健康码”来快速检查流动人员，并在全国推广了扫码检查流动人员的防疫举措。本书是介绍城市大脑系统的科普性教材，对城市大脑的缘起、含义、特点、架构、应用场景进行了全面的说明与分析，是理解城市大脑的入门教材。

本书可作为高等学校信息管理、人工智能、公共管理、企业管理、技术经济与管理、数据科学等专业的教材，对行政事业单位等非营利性组织的数字化管理也有扫盲、启迪的普及作用。

图书在版编目（CIP）数据

城市大脑导论/杭州城市大脑协同创新基地课题组编著. —北京：电子工业出版社，2021.4
ISBN 978-7-121-40872-4

Ⅰ. ①城…　Ⅱ. ①杭…　Ⅲ. ①城市管理－高等学校－教材　Ⅳ. ①F293

中国版本图书馆 CIP 数据核字（2021）第 058443 号

责任编辑：谭海平
印　　刷：北京捷迅佳彩印刷有限公司
装　　订：北京捷迅佳彩印刷有限公司
出版发行：电子工业出版社
　　　　　北京市海淀区万寿路 173 信箱　邮编：100036
开　　本：787×980　1/16　印张：14.5　字数：225.5 千字
版　　次：2021 年 4 月第 1 版
印　　次：2022 年 2 月第 2 次印刷
定　　价：69.00 元

凡所购买电子工业出版社图书有缺损问题，请向购买书店调换。若书店售缺，请与本社发行部联系，联系及邮购电话：（010）88254888，88258888。

质量投诉请发邮件至 zlts@phei.com.cn，盗版侵权举报请发邮件至 dbqq@phei.com.cn。

本书咨询联系方式：（010）88254552，tan02@phei.com.cn。

杭州城市大脑协同创新基地课题组成员

王亚卿　汪　楠　吴光静　屠友军

许林伟　石智勇　胡孝德

前　言

2020 年 3 月 31 日下午，习近平总书记来到杭州城市大脑运营指挥中心，就杭州市运用城市大脑推进城市治理体系和治理能力现代化进行考察调研。习近平总书记指出，让城市更聪明一些、更智慧一些，是推动城市治理体系和治理能力现代化的必由之路，前景广阔。该管起来就能够迅速地管起来，该放开又能够有序地放开，收放自如，进退裕如，这是一种能力，是一个国家治理水平的表现[①]。习近平总书记的讲话既肯定了杭州城市大脑的建设与成就，又对杭州市城市管理提出了更高的要求，更对城市大脑的发展指明了方向。

党的十九大报告指出，我国社会的主要矛盾已经转化为人民日益增长的美好生活需要和不平衡不充分的发展之间的矛盾[②]。新技术的应用是缓解社会矛盾的重要力量，城市大脑随之在美丽的西子湖畔杭州市诞生。随后，这个数字经济高度发达的城市所诞生的城市大脑捷报频传、喜讯连连，不停地创造着一个又一个“第一”。

时至今日，杭州城市大脑已经成为杭州市奉献给世界的礼物！

从 2016 年杭州市提出开发城市大脑、开启城市数字治理的新征程至今，杭州城市大脑的发展大致经历了三个阶段。

一是探索阶段。杭州市最严重的城市病之一就是交通拥堵，通过城市大脑建设探索实践，用数字治理优化交通信号灯控制，推出了交通延误指数。

二是数字治理体系搭建阶段。杭州城市大脑坚持以人民为中心，坚持问题导向，相继推出舒心就医、便捷泊车、欢快旅游、街区治理等 11 个重点领域的 48 个应用场景、155 个数字驾驶舱。通过城市大脑中枢系统，实现数字赋能，提升政府

① 央视网，http://news.cctv.com/，2020-04-01

② 人民网，http://cpc.people.com.cn/19th/GB/index.html

治理和服务能力，实现城市大脑架构下的民生直达、惠企直达和治理直达。

三是数字治理体系形成阶段。杭州城市大脑自新冠肺炎疫情出现以来，在原来的基础上快速积累、快速迭代，形成了健康码、企业复工复产数字平台“亲清在线”“读地云”等，为“战疫情、促发展”“六稳六保”提供了重要支撑。通过城市大脑的计算能力，使得城市大脑真正升华为一个平时能管理、急时能突击的重要城市治理利器，标志着杭州城市数字治理体系的形成。

根据习近平总书记考察杭州城市大脑运营指挥中心时的重要讲话精神，杭州市适时提出了围绕打造城市治理现代化数字系统解决方案，对城市大脑进行升级，不断完善“一整两通三同直达”的中枢系统，加快形成“一脑治全城、两端同赋能”的运行模式；高水平建好“杭州应用”，打造“杭州运维”，构建“杭州标准”，加快形成治理新亮点、经济新增点。

杭州城市大脑是杭州市开创性提出的新治理思维和路径，是创新社会治理、城市治理模式的样本。杭州城市大脑的模式应该向外输出，走向全国，走向世界。让世界透过杭州市的城市管理，领略社会主义现代化大城市的治理效能和独特魅力。

本书以杭州城市大脑为核心样本案例，是系统地介绍城市大脑的科普性教材，对城市大脑的含义、特点、架构、应用场景做了细致的介绍。当然，城市大脑作为新生事物，还需要不断地探索和发展，未来还有很长的路要走！

——城市会思考，生活更美好！

目　录

第一章

城市大脑简介

学习目标

- 掌握城市大脑的概念和内容
- 了解城市大脑的构成要件
- 熟知城市大脑的中枢系统架构
- 理解城市大脑的内容
- 了解城市大脑的发展过程
- 熟悉城市大脑发展的背景
- 具体说明城市大脑的特点

中国共产党十八届三中全会提出了"全面深化改革的总目标是完善和发展中国特色社会主义制度，推进国家治理体系和治理能力的现代化"的发展方向[①]。十九大报告指出，我国社会的主要矛盾已经转化为人民日益增长的美好生活需要和不平衡不充分的发展之间的矛盾[②]。

随着改革开放的逐步深化，互联网技术的不断发展，大城市、超大城市的不断出现，以及人民对于美好生活的更高追求，社会治理、城市治理需要顺应时代的呼

① 新华网，http://www.xinhuanet.com/politics/18sanzhongqh/

② 人民网，http://cpc.people.com.cn/19th/GB/index.html

唤，提出新治理思维和路径，创新社会治理、城市治理的模式。针对这一问题应运而生的杭州城市大脑，希望把城市生活用一个特意打造的数字化界面来呈现。人们通过这种可视化窗口，可以把握城市的脉搏，感受城市的“温度”变化，继而享受城市的服务。与此同时，城市大脑的出现也为城市管理者提供了决策科学化、民主化的有力工具。2016 年，杭州市在全球率先提出建设城市大脑，本书后面提到的城市大脑主要指杭州城市大脑。

城市大脑具有感知城市运行体征、预测城市指标发展轨迹、优化公共资源配置、服务便利百姓生活、优化营商创业环境等能力，打破了数据壁垒，实现了职能协同，构建了数据治理城市的新生态。

城市大脑作为未来城市的基础设施，是城市数字化、精细化、智慧化的时代产物，是推进城市数字化和实施数字经济“一号工程”的核心内容，是抢抓新机遇的具体举措，是服务城市管理者的全新载体，是政府数字化转型的重要探索，是政府实现治理能力现代化的重要途径。

一、城市大脑的定义

城市大脑（City Brain）利用全社会的数据资源，全局优化城市公共资源，即时修正城市运行缺陷，实现城市治理模式突破、城市服务模式突破、城市产业发展突破。目前，城市大脑已经成为全新的城市基础设施。

城市大脑是指以各政府部门信息化系统、数据为基础，结合机器视觉、大规模拓扑网络计算、交通流分析等跨学科领域的顶尖技术，在互联网开放平台上实现城市跨部门、跨网络的数据协同、实时计算与智能计算的信息系统。

依托于互联网、大数据、云计算等要素，城市大脑将以成熟的运作创造出全新的智能。城市大脑最重要的想法，就是在修马路、修地铁等基础建设之外，通过构建城市信息化基础设施，用数据来解决城市管理的问题。

二、城市大脑的内容

城市大脑一般包括中枢系统、数字驾驶舱、场景、系统平台 4 个要素，部分城市将数字界面等应用列入第五要素。上述要素协同运作，促进了城市结构优化、强化城市治理能力、推动城市绿色发展、提升市民生活品质等目标的实现。

中枢系统是城市大脑的核心支撑系统，它以实现全社会的系统联通、数据协同，保障城市业务信息即时在线、数据实时流动为目标，是支撑多样化的便民惠企场景和辅助决策数字驾驶舱的综合性信息系统。

以中枢系统为核心的“一整两通三同直达”体系，是指通过全面汇总整合城市各级各部门的海量基础数据，推动系统互通、数据互通，促进数据协同、业务协同、政企协同，打造直达民生、惠企、社会治理的丰富应用场景和数字驾驶舱，构建全数集成、万物智联的中枢系统。

以中枢系统为核心的“一脑治全城、两端同赋能”设计架构，是指运用城市大脑系统实施“善治六策”，推动城市治理者的“驾驶端”和广大人民群众的“乘客端”同向发力、交互赋能，着力打造更多干部非用不可的数字驾驶舱、群众爱不释手的应用场景，让各级“机长”更精准有效地驾驶，使广大“乘客”有更便捷舒适的体验，共同开启城市幸福生活之旅。

数字驾驶舱是指依托于中枢系统连接城市数据信息的各类终端来实时感知城市状态，实现数字化态势感知、预警预测、指挥决策的综合信息系统。

场景是指依托于中枢系统，以具体的便民惠企事件为目标并作为驱动，协同部门（区县）间的业务系统及业务数据，通过线上业务连接和数据协同计算，进而简化优化线下流程，达到便民惠企、决策优化的综合信息系统。

城市大脑的内容如图 1.1 所示。

系统在城市大脑中是城市下设部门基于城市大脑中枢系统开发的场景应用和数字驾驶舱的统称。平台在城市大脑中是指城市下设区县基于城市大脑中枢系统开发的场景和数字驾驶舱的统称。

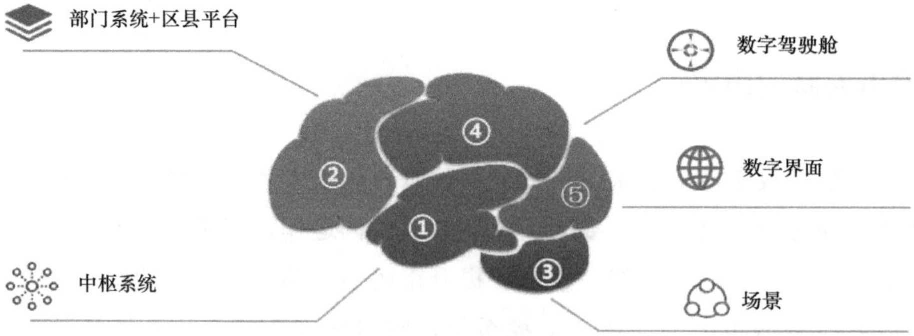

图 1.1　城市大脑的内容

三、深化城市大脑建设的设计理念

城市大脑是汇聚城市中各类政务数据和公共数据，接入各级政府和各个部门的各类系统、平台，实现数据、平台交互融合的载体和枢纽。城市大脑经过几年的建设，其设计理念不断深化，具体表现如下。

（一）全周期管理

全周期管理就是全面实时感知、全程实时分析、全域实时处置。具体地说，就是把城市作为一个生命体、有机体，增强城市大脑的数字化感官、智能化思考、智慧化执行等系统功能，全面实时感知人流、车流、物流、商流、资金流、信息流等城市生命体征每分每秒的细微变化，全程实时分析市民“衣食住行、生老病死、安居乐业”的动态、诉求、问题、成因，全域实时处置生产、生活、生态各领域发生的事件，形成全景呈现常态运行情况、精准预警研判风险隐患、高效应对处置突发事件、复盘提出补短堵漏建议的有机闭环。例如，城市大脑在新冠肺炎疫情防控和复工复产方面的应用，就是遵循全周期管理理念的实战案例。

（二）平急结合

平急结合意味着平时好用、急时管用。例如，“杭州健康码”就是平急结合理念的具体应用，急时它是推动新冠肺炎疫情防控和复工复产的重要武器，平时则是人民群众的贴心健康卫士。城市要围绕城市公共管理、公共服务、公共交通和市政设施等各系统的正常运行提供数字化支撑，着眼防范化解公共卫生事件，为安全生产、重大活动、自然灾害等重大风险提供解决方案，推动一般常见问题及时处理、重大疑难问题有效解决、风险防范关口主动前移，真正做到收放自如、进退裕如。

（三）以人为本

城市大脑的核心设计理念是以人民为中心，通过数据赋能，让百姓有获得感，实现便民惠企，让人民群众爱不释手、企业可亲可感。坚持数据资源“取之于民、用之于民”，突出问题导向、需求导向，主动回应市民与市场主体需求，精心打造触摸城市脉搏、感受城市温度、享受城市服务的各类应用场景，让群众和企业有实实在在的获得感。

（四）撬动变革

撬动变革是指通过技术创新倒逼制度创新、线上协同促进线下变革。城市大脑建设与过去的信息化应用有着本质上的不同。城市大脑不是政府管理在网络上的简单映射，不是把线下的流程平移到线上，而是以技术手段的创新为支点，撬动城市治理的全方位变革。

要坚持“最多跑一次”改革的理念，通过应用新技术、推出新场景，从制度设计源头出发，彻底破除“一贯如此”的路径依赖、“习以为常”的思维定式，在更大范围、更宽领域、更深层次倒逼政府自身改革，推动管理服务模式的重塑。例如，“亲清在线”数字平台实行点对点的即报即核秒到账，兑付资金 11.7 亿元，不仅实现了政策兑付技术上的突破，更重要、更深远的意义是改变了传统的政府管理方式，破除了财政资金必须层层拨付而不能直达个人账户等制度障碍。

四、城市大脑的作用

城市大脑通过数字化的技术，在既定的时空资源下，实现资源利用的最大化，让城市会思考，让生活更美好。城市大脑的建设不仅是技术创新，更是社会创新、社会治理模式的创新，揭示了城市未来的发展模式，预示着城市文明新阶段的到来。

（一）促进城市空间结构优化

城市大脑能够缩短城市中心与边缘地区的逻辑距离。大量高成本的城市物理活动将通过智慧商务、智慧政务等在线实现，降低城市对空间上人口集聚和产业集聚的依赖；同时，城市的精细化管理将提高公共资源的使用效率，从而有效降低城市中心区的拥挤成本和环境治理成本。

例如，利用城市大脑，杭州市上塘高架路 22 千米的里程，通行时间平均节省 4.6 分钟，通行时间下降约 10%；杭州市萧山区 104 个路口信号灯自动调控，车辆通过速度提升 15%，平均节省时间 3 分钟[①]。有专家曾畅想，有了城市大脑，一个城市未来可能只需今天十分之一的土地，十分之一的水资源，甚至十分之一的电力，就可以支撑美好的生活。

（二）推动城市绿色发展

信息技术产业具有低能耗、低污染特征，它以智力资源和信息资源这些“无形”资源作为主要投入要素，可以有效降低经济发展的资源消耗。此外，城市大脑以数字化的方式改变城市生活、工作、学习、旅游的运作方式，可以实现减排的目标，并对民生、环保、公共安全等城市需求作出智能响应，天然具备可持续内生动力的安全、高效、绿色的城市形态。城市大脑的应用还能改造传统产业，促进传统产业转型升级，培育战略性新兴产业。

① 杭州城市大脑的实践与思考. 人民网，http://cpc.people.com.cn/，2019-09-08

例如，“江干平台”运用城市大脑进行了垃圾计量清运管理工作。垃圾分类看似生活小事，实则民生大事。垃圾清运是垃圾分类中的重要一环，为解决当前源头垃圾计量不清、分类减量责任模糊等难题，借助杭州城市大脑研发了生活垃圾计量清运场景。主要采取在垃圾清运车上安装称重传感器、摄像头等设备的措施，实时记录、存储源头垃圾产生量情况和分类质量。通过对垃圾产生主体的“斤斤计较”，促使其分类减量，以便与人口数据协同后，精准掌握辖区内每日的人均垃圾量，进一步推动垃圾分类精细化，从而实现源头减量的最终目标。

（三）强化城市治理能力

在日新月异的今天，对城市的治理要有更高、更宽的视野，更新、更灵的工具。城市大脑就是城市治理者的全新工具，不仅能实时掌握一手资料，而且能通过分析、比较作出更精准的决策，尤其能做到各种资源体系协同共享，形成具有统一性的城市资源体系，任何一个应用环节都可在授权后启动相关联的应用，并对其应用环节进行操作，进而使得各类资源可以根据系统的需要，各尽其能地发挥最大的价值。例如，可将用电、用气数据与独居老人的生活状况关联起来，可用词条检索来预测疫情流行情况等。

杭州市拱墅区运用城市大脑推出的“拱墅平台•城市眼•云共治”就是这方面很好的例子。

杭州市拱墅区为解决城管执法力量有限、问题发现手段单一、处置流转效率不高等难题，采用人工智能视频识别技术，积极探索“智慧”+“共治”的城市治理创新机制“城市眼•云共治”，推动城管工作由“人员巡查”向“城市眼”转变，由单一管理向多元共治转变，逐步实现基层治理“机器换人”，减轻基层工作负担，提升城市治理智能化水平。自 2019 年 5 月平台运行以来，发现的问题较人工巡查的结果提升 44 倍，路面执法巡查力量相应减少 20%，工作效率提高 50%[①]。

① 杭州城市大脑的实践与思考. 人民网，http://cpc.people.com.cn/，2019-09-08

（四）提升市民生活品质

目前，杭州城市大脑已上线的智能交通、便捷泊车、舒心就医、30 秒酒店入住、20 秒景点入园、数字旅游专线、应急防汛、叶菜基地管理、食安慧眼、电梯智管、易租房、智慧环保等 11 个重点领域 37 个应用场景，无不从惠民利民着眼，从民生实事切入，让市民有真真切切的获得感，改善了生活品质，提升了幸福指数。

例如，杭州市钱塘新区运用城市大脑开展的“钱塘平台•智慧门禁”管理工作就是很好的例子。

为破解流动人口管理难题，提升小区治安水平，杭州市钱塘新区率先推进智慧门禁建设。智慧门禁融入了更多智慧化元素，对小区的“4”个主要出入口（外围门、楼道门、电梯门、车库门）进行了智能改造和数据接入，并且提供了“4”种不同的通行方式（人脸识别、身份证、CPU 门禁卡、手机二维码）。不同时段、不同端口采集的数据，统一汇集到数据中心进行分析研判，实现问题的“主动发现，快速排除，精准追踪”。通过城市大脑共享理念、多维数据、高精算法、成熟模型、跨界调度等方面的赋能支撑，为小区的人、车、房提供精准画像。小区有中枢，住户更安心。

此外，针对游客旅行中排队、等候、盲从、信息获取慢、游占比低下等困扰，城市大脑文旅系统推出了 4 个便民服务场景。一是 30 秒酒店入住。打通企业客房管理、政府人证合一等六大系统，六步操作整合成一步完成，自助办理酒店入住，告别前台排队。二是 20 秒景点入园。游客线上买票扫码入园，或直接刷手机付款码入园，告别售票窗口排队买票。三是 10 秒找空房。利用市场流量资源，连通 8561 家酒店，游客登录“找空房”小程序或拨打电话 96123，即可解决节假日投宿难。四是数字旅游专线。在火车站等地，开通到景点或酒店的数字旅游专线，让游客直达目的地，发现不一样的杭州。跟着城市大脑游杭州，可让游客多游 1 小时。

复习思考题

1.1　城市大脑是什么？

1.2　简述城市大脑的演进过程，并说出各阶段的特点。

1.3　城市大脑由哪几部分组成？各部分的职责是什么？

1.4　举例说明城市大脑的应用场景。

1.5　结合自身体会谈谈为什么要发展城市大脑。

1.6　城市大脑有什么特点？

第二章

城市大脑理论支撑

学习目标

- 了解城市生命体以及治理现代化的基本定义与内容
- 具体说明城市治理的几种模式
- 理解信息时代城市治理的任务
- 了解突发问题下的社会治理

第一节　城市学相关理论

城市学是研究城市的科学。由于城市生命周期理论、城市代谢理论、城市病、城市诊断以及生态城市理论的出现与应用，城市生命体这一理论随之出现。

2020 年 3 月 10 日，习近平总书记在考察湖北省疫情防控工作时指出，“城市是生命体、有机体，要敬畏城市、善待城市，树立‘全周期管理’意识，努力探索超大城市现代化治理新路子。”[①]习近平总书记关于城市生命体的论述，极大地丰富了城市学的内涵。

① 习近平在湖北省考察新冠肺炎疫情防控工作时的讲话. 求是网，2020-03-31

一、城市高质量发展

城市发展，是指一个城市在一定的范围内其地位、作用以及辐射力、影响力的变化过程。城市发展是不断满足城市居民各种需求的过程，既包含数量的增长，又包含质量的提高。所谓数量的增长，是指城市的数量和规模不断扩大；所谓质量的提高，是指居民生活水平不断现代化，城市的影响力加强。

从空间的角度来看，城市是一个国家或地区的居民聚集的地方；从经济的角度来看，城市的第二产业和第三产业是一个国家经济发展中的重要组成部分。城市作为一个地区的经济、技术、政治、人口、信息、交通、文化等的集聚点，其辐射范围和能力会影响到周边其他城市的发展，城市在不断的发展过程中也会对周边的城市产生吸引力。

二、城市运行

（一）城市病的定义

一般认为，城市病（Urban Disease）是指一国处于尚未完全实现城市化的过程中，由于城市系统发展不健全，没有办法承担经济社会的飞速发展而产生的各种负面问题[①]。城市病是在城市发展过程中，因为城市的管理理念和管理的方式落后于城市的发展，使得城市没有足够的资源以及受到其自身环境承载力的制约，引发了许多问题影响到城市居民的生产和生活[②]。

城市病包括如下几层含义：一是发生在城市化这一动态过程中；二是由于居民人口不断向一个城市聚集，改变了一个城市的资源分布结构；三是城市的管理思想和手段跟不上城市的发展以及城市系统功能的不健全是产生城市病的内在因素；四

① 周加来. 城市病的界定、规律与防治[J]. 中国城市经济，2004(2)

② 张忠华，刘飞. 当前我国城市病问题及治理对策[J]. 中共石家庄市委党校学报，2012, 14(1)

是城市病引发了一系列的负面问题，影响了城市居民的生产活动和生活。

梁思成先生说过："城市是一门科学，它像人体一样有经络、脉搏、肌理，如果你不科学地对待它，它会生病的。"一边是人类历史上规模最大、速度最快的城市化进程，一边是层出不穷的"城市病"，环境污染、交通拥堵、人口拥挤、看病一床难求、夏日树荫难寻……疾在腠理肌肤，根在经脉脏腑。上述现象，暴露出的正是不尊重城市规律的严重后果。

城市病目前呈现了三个规律：一是规模越大的城市，城市病通常越"全面"；二是城市病的加深基本和该城市的人口及经济发展规模正向相关，越是发展迅速且有活力的城市，城市病越严重；三是城市病严重的城市，在人口方面通常有人口快速增长、大进小出和人口密度高且变动大的特点。

（二）城市病病因

城市病产生的根本原因是人口的大规模聚集。越来越多的人口不断地向一个地区集中，他们的日常生产活动和生活需要不断地开发与利用城市的资源，由于管理不当导致的资源过度开发和环境污染等问题，破坏了城市原有的资源分布结构和社会秩序。具体来说，城市人口的大量增加会直接带来人口、商业、产业、能源消费、交通、水资源使用、污染排放的空间密度及其他各种环境压力。当然，人口向城市聚集只是引发城市病的导火索。事实上，城市病的发生除了人口的大规模聚集，还涉及社会的经济发展形态、经济发展阶段和城市的管理理念及手段。

三、城市学

城市学（Urbanology）是一门研究城市产生、运作和发展的综合性学科，也是一门新兴科学，是统领城市科学各分支的学科。研究城市学可以挖掘城市发展的规律，在掌握城市运行规律的基础上针对城市发展中出现的相关问题采取更加有效的监管和调控措施，促使城市朝着科学的方向发展。研究重点主要包括城市的成因、城市的本质、城市的运行规律、城市的发展机理、城市的中心地位及作用、城市的问题（城市病）、城市的状态、经济全球化与城市新形态、知识经济与城市结构重建、城市关系、城市战略等。

（一）城市学基础理论部分

城市学基础理论部分包括：城市产生和发展的过程及城市的发展规律，城市化的发展规律，与城市化有关的基本概念和原理，城市分布与社会经济整体的关系，城市与乡村的联系和区别，城市的用地规模、人口规模及其依据和现实意义，城市的空间结构、自然结构和社会结构等的含义，城市发展的作用与城市功能的关系，城市的主要职能和基本功能及二者的关系，城市中心作用的普遍性和客观性，城市文明的特点，城市的经济效益、环境效益、社会效益的含义与延伸。

（二）城市学应用部分

城市学应用部分包括：城市的住宅问题，城市的人口问题，城市的交通问题，城市的就业问题，城市的环境问题，城市的治理和安全问题。

（三）城市学方法论部分

城市学的研究领域包括城市的产生与发展、功能与结构、分布与组合等方面的规律，以及一系列城市问题的产生、发展与解决的方法，既要研究城市的普遍规律，又要研究不同类型城市的特殊规律。

四、城市生命体理念

（一）城市生命体理念基础

“生命”一词贯穿人类社会从古至今的发展，但是对生命的定义至今还没有一个完整的概念，并且生命具有强烈的哲学性质。人工生命的兴起，更是给人们的生命观带来了巨大的冲击。

（1）对生命本质的界定。人工生命的研究者对生命的界定不是通过生命的物质基础，而是通过生命的本质，生命与非生命的关键区别主要是身体的新陈代谢、自适应、应激性、遗传进化、生长发育等。

（2）对生命含义延伸的扩展。人工生命研究是对传统生命观念的一种突破，对生命物质基础的研究不再限于生物体大分子、核酸或细胞，生命的基础可以是各种载体，如电子生命、数字生命、电子病毒等。

（3）对生命科学方法论的扩展。对生命理论的研究增添了一些新内容，如复杂科学方法论、系统科学方法论等，使得对生命的定义既有坚实的科学基础，又有抽象的概括性，从而为研究者研究生命的本质提供了全新的视野和广阔的前景。

在研究城市的过程中，人们开始认识到城市和生命在很多方面都具有相似性。各方面的比较奠定了关联两个概念的基础。与此同时，城市生命周期理论、城市代谢理论、城市病与城市诊断以及生态城市理论的出现和应用，导致城市生命体（Urban Life）这一理论诞生。可以说，城市生命体是一种新的概念和研究视角。日益复杂的现代城市以及对生命科学的深入研究并取得突破，必然会使得城市生命体这一概念产生。因此，对城市生命体的研究，为城市及城市土地、城市生态环境等的研究提供了丰富的理论基础和全新的技术方法。

（二）城市生命体的含义

关于城市生命体的含义，国内文献首现于 2006 年。习近平总书记在 2020 年 3 月 10 日也指出“城市是生命体、有机体，要敬畏城市、善待城市”[①]，从学术界到管理层，对于城市生命体的理解已有了广泛共识。

学术界认为城市生命体由土地、建筑、交通、人口、资源等组成，是可以通过自养或异养的新陈代谢方式进行物质循环、能量转换和废物排泄，具有在时空上产生、发展、消亡和自我更新的过程，并能进行自我调节和控制以及进行自我繁衍的复杂的物质系统[②]。

① 习近平在湖北省考察新冠肺炎疫情防控工作时的讲话. 求是网，2020-03-31

② 金江军，郭英楼. 智慧城市：大数据、互联网时代的城市治理[M]. 北京：电子工业出版社，2017.11

城市生命体形成于人类经济社会中的一定区域，其主体是非农业人口，是人口、经济、文化等高度聚集的，具有新陈代谢、应激性、生长发育、自适应、遗传和变异等生命特征的复杂系统①。

（三）城市生命体的生命特征

城市生命体作为一个复杂的巨系统，具有显著的生命特征。

1. 新陈代谢

城市生命体的新陈代谢（Metabolism）是指与外界进行信息、能量及物质的交换。通过新陈代谢的网络不断输入新的、具有发展潜力的信息、能量及物质，转移及淘汰那些旧的、落后的信息及物质，使得城市能够在持续的自我更新中成长。城市生命体的新陈代谢系统可以分为三个部分，即信息代谢系统、能量代谢系统和物质代谢系统。信息代谢系统主要是指邮电通信系统（包括通信网络、因特网、有线电视网等），催化着城市生命体的生长发育。能量代谢系统主要是指市政管网系统（包括燃气网络、电力网络、热能网络等），提供给城市需要的能量来保障城市的生存与发展，是一个城市生长发育的动力因素。物质代谢系统主要包括物流系统、交通运输系统、三废处理系统、生态系统。城市生命体通过加工利用和处理城市的物质资源来实现物质的新陈代谢，是城市生命体生长和发育的物质基础。新陈代谢是城市生命体生存和发展的重要特征，也是其他生命特征维系的基础。

2. 生长发育

城市生命体的生长发育（Growth and Development）是一个过程，表现为从无序到有序，在这个过程中会产生量变和质变，逐渐形成完整的组织结构和功能。这一过程的特征是自组织、非线性和螺旋向上的发展，还受制于自身的条件和自组织的规律。

城市生命体是一个复杂的系统，其复杂性主要表现在两个方面：一是其组成要素和系统十分复杂，二是其功能是多种多样的。城市生命体的生长发育既包括组织

① 姜仁荣，刘成明. 城市生命体的概念和理论研究[J]. 现代城市研究，2015

生长，又包括功能发育。组织生长主要表现为空间上的不断扩展和空间结构上的不断优化，以及各个系统的不断发育和完善；功能发育主要是指城市社会功能、城市经济功能和城市文化功能等的不断丰富和完善，表现为科教文卫设施、工业区、商业中心、城市基础设施等的建设和发展。

3．应激性

城市生命体是一个复杂的开放系统，始终处在一种动态的稳定和平衡过程中，各种内外部环境的变化都会对城市生命体产生影响。城市生命体的应激性（Irritability）是指当城市的内外部环境发生变化时，城市能够感知这种变化并且及时作出反应。如果城市中的突发事件危害到了城市的公共安全系统，那么一般表明城市的内部环境发生了变化，所以城市公共安全响应系统即消防系统、安防系统、疾病防治系统等是城市生命体应激系统的重要方面。城市经济、社会、政治环境的突然变化是指城市的外部环境的变化。因此，应对经济、社会、政治突变的响应机制和系统，即经济危机响应机制、社会稳定维护机制、突发政治事件响应机制等，是城市生命体应激系统另一个重要的组成部分。

城市生命体应激系统可以表现出很强的目的性，它可以筛选各种内外部环境突变，保留变化中有利于自身发展的信息和资源，将这些有利的信息资源纳入城市生命体，同时排斥那些不利于城市自身发展的信息和资源。当城市生命体的应激系统发生作用时，其中的人、政府及其他各种机构都是应激实现的关键要素。人和各种机构能够非常敏感地感知到各种内外部环境的突变。正因如此，城市生命体才能对生存环境的突变迅速作出反应。伴随着智慧城市的发展，城市生命体的应激性将会表现为更多的自发性。

4．自适应

所谓自适应（Adaptive），是指城市生命体对外部环境和自身特点的适应。通过分析自然环境、政治经济环境、社会环境及自身特征的变化，城市会不断地调整自己的属性，进而提高自身的生存和发展能力，以及与其他城市竞争的能力。

城市生命体的自适应功能包括如下两个方面。

一是将政府作为媒介，将城市管理和政策执行机制作为载体，其实现方式是通过各种规划和政策。它可以根据自身的情况及社会、政治经济环境的变化，通过一系列的规划，“自发地”对组织的内容和组织的功能结构进行调整，以获得适应自身发展的状态。

二是公众。公众作为城市的主体，自然也会对城市的发展产生重要影响。从涌现论的视角来看，市民作为城市中的微观个体，他们在长期的生活过程中，会不断地作出利己的选择，无论是在工作上还是在生活上，他们都会通过一定的方式（如对政府政策、规划等的建议）来影响城市的发展。城市生命体的自适应不是一蹴而就的，而是一个渐变的过程，它通过不断地适应、调整来保持城市生命体及其生存环境的动态平衡，有利于城市健康的维持。如果城市生命体不能对自然、社会及经济环境和自身的特征作出适应，那么其必然会走向衰落甚至消亡。

5．遗传和变异

基因是生命遗传和变异（Genetics and Variation）的核心因素。基因是可以复制的，并且具有相对稳定性，这两个特征为生命的遗传奠定了基础，基因的突变决定着生命的变异。生命体之所以是多样的，原因是基因具有相对稳定性及基因可以发生突变。城市生命体在生长发育过程中会表现出明显的遗传和变异特征。

除此之外，生命体的核心异质因素也会对城市生命体的遗传和变异产生影响。城市禀赋和城市文化又决定着城市生命体特征的核心异质因素。二者之间相互联系、相互影响，每个城市都会有自身的基本格局和特定的意识文化形态，这些特征的形成离不开地域分布的影响。城市文化一旦形成，就很难在短期内产生大变化，具有很强的稳定性。

如果说城市禀赋从根源上决定了城市生命体的对外联系、资源供给、产业导向和人们的生活习惯，那么城市文化就是城市生命体传承和延续的根基。当一个城市不断引入新的文化后，便会为城市的变异和进化提供要素。在城市的发展中，城市文化又可以促进城市禀赋的开发，对城市生命体的生长和发育起到促进作用，使得城市的生命力得到增强。

（四）城市生命体理论的应用

由于生命体具有遗传作用，所以城市生命体在其发展过程中保持了传承性，城市生命体也因此有了基本的稳定性。功能和组织结构的变化称为变异，通过变异会对城市的整体或更大的范围产生重要的影响。城市的变异包括变革和进化。城市的变革主要表现为主导功能的变化、文化的改变、功能中心的转移等；城市的进化主要包括产业升级、文化提升、空间格局优化、城市更新等。

此外，城市变异的主要原因还包括城市生命体对自身生存和发展的需求。例如，人口数量的增长、生活标准的提高等因素会导致新的结构和功能需求的出现。当城市的承载力不足以承担城市居民的发展需求时，便会导致生命体的效能下降。届时，就必须改变旧的功能和结构，发展出满足需求的新的功能和结构。正是这种对新的功能和结构的渴求，推动了城市生命体的变异和进化。

城市生命体理论在城市规划、城市资源利用与城市环境保护、城市社会经济的发展等各方面都具有明显的应用价值。例如，当优化城市空间格局时，可以运用城市生命体的组织结构特征理论，进一步分析细胞单元、组织单元与子系统的组成方式，设计出更为合理的空间格局优化模型；要想保持一个城市的可持续发展，可以运用城市生命体的五大生命特征理论，设计出城市健康运行的评价指标体系，将其应用于城市“体检”和城市健康预警；当对一个城市进行更新与改造时，可以运用城市生命体的遗传和变异理论，分析城市的“优质基因”和“自然禀赋”，为城市进化指明方向；在优化城市资源配置方面，通过城市生命体的新陈代谢理论，构建城市容量测评模型，量化评估城市资源承载力。科学对待城市运行规律，就能促进城市健康有序地运行；相反，如果不能科学地认识、尊重并顺应规律，那么城市发展就会出现紊乱。城市理论家、社会哲学家刘易斯·芒福德说过，人类用了五六千年的时间，才对城市的本质和演变过程有了一个局部的认识，也许要更长的时间才能完全弄清那些尚未被认识的潜在特性。

如何感知城市脉搏？如何引导城市秩序？答案显然不是 GDP，也不是楼房之高。从根本上说，还是要以城市的参与者——人民为中心，解决人民的根本问题，让人民安居乐业。吃得放心、行得顺畅、住得惬意、病得无惧、老得无忧，是城市工作做得好不好、人民是否满意城市治理的最终落脚地。

城市生命体理论和城市大脑的设计理念，是与中枢系统的设计理念不谋而合的。数字化技术也可能是城市治理的终极武器之一，万物互联互通的城市中枢、敏捷的数字化感知体系、人工智能决策系统等的提出，为我们指明了城市治理的未来之路。

第二节　“互联网+现代治理”思维

IT 技术的发展及其在社会生活中的无处不在，对社会治理、城市治理提出了挑战，但这也是新的机遇。在“互联网+”时代，企业、社会组织和人民群众可以不受时间、地点、人员数量的限制，向政府部门表达各自的利益诉求。社会管理部门可以通过互联网及时回应社会关切，调节利益关系，化解社会矛盾。“互联网+现代治理”的思路与模式顺时而生。

一、新时代城市治理思想

随着网络社会的发展，社会治理（Social Governance）面临着新的问题和挑战。互联网是把双刃剑，虽然它的发展为人类的生活带来了巨大的便利，但是由此引发的一系列社会治理问题也对我们的生活产生了负面影响。例如，以手机为基本平台的网络社会，使得人们的生活步入“微时代”，消息流通更加便捷，信息更新更加及时，即使不需要面对面，也可以在彼此之间清楚地传递信息，网络社会与现实社会可以进行高度的互动。

这些变化形成了新的社会情绪、社会舆论甚至社会行为机制，这时如果不更新社会的治理方式，而继续使用传统的社会治理方式进行社会治理，那么将无法解决这些新产生的问题。如今，网络犯罪已经发展为第一大犯罪类型，不法分子通过“暗网”进行毒品和色情交易，网络上的暴力犯罪已经严重危害了一些人的身心健康。网络社会的治理已经成为考验社会治理体系和治理能力的焦点与难点问题。

新型社会风险对社会治理提出了新问题和新挑战。如今，随着现代化的不断推进，尤其是新科技的不断发展，不仅将社会经济的发展推到了一个新阶段，而且将人类社会推到了现代“风险社会”。现代风险的最大特点就是不确定性和难以预测性，其传播速度非常快，很容易引起大规模的恐慌。例如，对于恐怖主义袭击，人们会普遍感到紧张和不安；未知流行病的蔓延和生态环境的恶化会引发社会恐慌；股灾、债务危机和银行倒闭等金融风险的发生，可能会传导大规模社会恐慌等。这些新型的社会风险有些无法准确地预测，不存在模式化的解决办法，需要社会灵活地作出反应，并想到解决办法来解决这些问题，因此是对各国社会治理的考验。

社会治理是国家治理的重要组成部分，只有积极且良好地进行社会治理，才能保障社会的和谐稳定和人民的安居乐业。党的十八大以来，社会治理越来越受到党和国家的高度重视。一方面，国家对各类刑事犯罪进行了严厉打击，整治了社会治安领域的突出问题；另一方面，党和国家积极推进社会治理的转型升级，加强社会治理的体制机制建设，为建设平安中国提供了强有力的保障。中国特色社会主义进入新时代，改革发展任务更加艰巨；与此同时，我国的社会治理也站上了新的起点，面临着新的挑战和机遇。

党的十九大报告指出，社会治理要有效、社会秩序要良好，人民的获得感、幸福感和安全感要更加充实、更可持续、更有保障。政府和社会各界要努力形成理想的社会治理效果，需要在实践中继续把握社会治理的正确方向，明确治理的任务，坚持基本遵循，把新时代的社会治理提升到更高的水平[①]。

（一）社会治理的成就

经过四十多年改革开放的努力，我国社会基本形成了稳定的大局，人民能够安

① 人民网，http://cpc.people.com.cn/19th/GB/index.html

居乐业，国家经济也得到了快速的发展，既创造了经济发展奇迹，又创造了社会稳定奇迹。中国的社会治理不断现代化给十多亿中国人民带来了稳定的生活和良好的发展环境，也为全球治理提供了新的方法思路。

党的十八大以来，我国社会治理取得了许多重大的进展，表现最为突出的方面在于：坚持以党的领导为核心，广大人民群众和社会组织共同参与，大力推行合作共治；以人民为中心，将保障和改善民生作为重点，让改革发展的成果惠及全体人民；以公共服务为抓手，以公平正义为要旨，将社会治理的基础夯实；以国家安全体制为基石，以总体国家安全观为指导，建立健全公共安全体系；以条线为抓手，以基层为中心，加强城乡的社会治理；以德法共治为框架，完善社会治理规则的体系；以体制机制创新为路径，坚持稳步推进社会治理能力和治理体系的现代化。

随着我国经济的快速发展，产生了更为复杂的社会利益关系，激化了更多的社会矛盾，一些问题的发生需要在进行社会治理的时候得到重视。例如，激发社会活力深度的制度安排没有做到系统化，社会主体持续互动没有设计科学的机制，没有形成明确有效的社会主体参与渠道。经过长期的探索，社会治理理念的共识已经基本形成。但是，随着人民美好生活需求的不断增长，社会治理面临的问题将不再简单，如何在维护好社会秩序的同时形成有效的社会协商，切实推动公众的参与，激发社会活力，无论是在理论上还是在实践中，都需要进行不断的摸索。

（二）社会治理的机遇

党的十九大再次强调了创新社会治理，并就“打造共建共治共享的社会治理格局”进行了专门的规划，提出“加强建设社会治理制度，完善党委领导、政府负责、社会协同、公众参与、法治保障的社会治理体制，提高社会治理法治化、社会化、专业化、智能化水平”。这为新时代的社会治理描绘了蓝图、指明了方向。从具体的方面来看，新时代的社会治理需要完成如下几个方面的任务。

（1）打造现代社会治理格局。党的十八届三中全会提出“加快形成科学有效的社会治理体制”[①]，将对社会治理体制的创新首次放在了国家发展战略的高度，表明我国的社会建设在总体布局上进入了新阶段。之后，党中央对完善体制、创新机制和加强治理进行了许多重要的规划与部署，我国逐渐形成了较为清晰的社会治理思路，社会治理的能力日渐加强。党的十九大报告明确提出打造现代社会治理格局，将现代社会治理的格局放在国家发展全局的高度，在格局建设上标志着中国的社会治理迈上了一个新的台阶[②]。所谓社会治理格局，是指对社会治理事业在更大的系统中和更高的层次上进行更加立体化和全方位的谋划与安排，对社会治理的要求也变得更加严格。这不仅要求建立多元化的社会治理制度体系、全面的社会保障体系、完备的社会公共服务体系、完善的社区自治体系、严密的社会治安防控体系，而且意味着必须营造出能够支持这些体系有效运转的系统条件。

（2）增强人民群众的获得感。2013 年，习近平同志对新形势下做好政法工作作出了重要的要求和指示，提出要加深人民群众的安全感和满意度的获得，强调全国的政法机关要满足和顺应人民群众对司法公正、公共安全、权益保障的新的期待，大力推动建设法治中国、平安中国和过硬队伍，深化司法体制机制改革，进一步提高司法能力的建设，要坚决反对司法腐败和执法不公。党的十九大报告强调，只有关注和抓住广大人民群众最为关心和对人民来说最为直接现实的利益问题，才能更好地保障和改善民生，使得人民的幸福感、获得感和安全感更加充实、更加有保障。不断强调幸福感、获得感和安全感，意味着将主观评判标准纳入社会治理中，还体现了以人民为中心的治理理念。这不仅表现出人民对美好生活的需求提出了更高层次的要求，也对有效的社会治理和明显的社会治理成果提出了更加严格的标准。

（3）融合社会治理系统。2016 年 10 月，习近平同志强调要继续加强和创新社会治理，完善中国特色社会主义社会治理体系[③]。党的十九大报告将“保持社会大局稳定，完善社会治理体系，全面加强国家安全”作为党在过去 5 年的工作成就予

---

① 新华网，http://www.xinhuanet.com/politics/18sanzhongqh/

② 人民网，http://cpc.people.com.cn/19th/GB/index.html

③ 央视网，http://cpc.people.com.cn/shipin/n1/2016/1013/c243247-28777086.html

以肯定[①]。同时，在“坚持在发展中保障和改善民生”一节中指出，只有做到社会治理的加强和创新、平安中国的建设、社会和谐稳定的维护，才能保障国家长治久安和人民安居乐业，体现了将社会治理与民生发展一体化的系统融合的新要求和新思想。系统融合的社会治理思想不仅要求在一个大系统内对改善民生和治理国家进行总体性的规划，而且要求在社会治理的子系统内融合增效。例如，实现系统化治理专门的问题，通过综合治理、系统治理、源头治理、依法治理相融合的方式明确问题导向；推动建设系统化的治理能力，全面提高社会治理智能化、法治化、专业化水平；增强治理责任一体化，促进社会责任、法律责任、政治责任的系统融合。

（三）社会治理的着力点

当前，社会治理的矛盾、焦点和手段都发生了重大变化。在社会主义新时代，推进社会治理和建设平安中国有了新的起点和任务。

靶向发力、精准治理。随着经济社会的发展，社会治理应该更加具有针对性，需要聚合资源、瞄准问题、精准施治。例如，基层社会治理、超大城市治理、网络治理等问题，这些都是如今的治理难题。要将人民群众的需求作为主要方向，通过专门的调查探索，一步步来攻克难题，对各类技术手段加以综合运用，实现主动进行社会治理的局面，提高治理主体对问题的反应和处理能力，推动社会治理向规范化、精细化发展。

科技驱动、智慧治理。移动互联网、宽带通信、物联网、人工智能、大数据等技术的运用形成了一种全新的社会形态，这种社会形态也被称为智慧社会。由于我国社会目前处于向智慧社会迈入的阶段，不仅需要高效地发现和回应新的问题，而且需要顺应时代的要求，将云平台和大数据等信息技术运用到社会治理中，捕捉到传统治理方法难以发现的现象，透过现象把握事物的本质特征，为社会治理的预测和决策提供新的指标和评价体系。充分依托和运用现代科技，全面提高社会治理的

① 人民网，http://cpc.people.com.cn/19th/GB/index.html

智能化水平，推动社会治理向智慧治理迈进。

城市大脑是运用科技驱动，用数字化技术治理城市的创造性发明。城市大脑是“互联网+社会治理”的具体实践，通过打通政府内部、政府与社会的数据资源，借助人工智能、大数据技术，为优化公共资源配置、宏观决策指挥、事件预测预警、治理“城市病”等提供支持。

二、城市治理现代化

（一）城市治理的定义

从广义上说，城市治理（City Governance）是指对城市的空间地域进行治理，为实现城市在社会、生态和经济上的可持续发展，对城市中的土地、技术、资本、劳动力、知识、信息等要素进行整合，实现城市的整体发展。从狭义上说，城市治理是一种社会各种组织形态经过相互作用和配合实现利益整合的过程，城市的组织形态总体而言可以分为三类：私营部门、政府和非营利组织，它们通过沟通、合作、参与、协商来解决城市中出现的问题，提供公共服务，提升利益。

（二）城市治理的内容

从广义上说，城市治理涉及的问题有城市规划、城市定位和城市的可持续发展等，也就是对城市发展的各要素进行处理；从狭义上说，城市治理就是为城市提供公共服务，涉及治理主体的利益冲突和整合。从广义上说，城市治理是制定和落实城市区域决策的过程，其治理模式是政企合作，与政府主导的传统治理模式有所不同。以政府为主导的传统治理模式无法与地区发展需求进行有效匹配，其政策方式一般为政府垄断的供给政策，所以需要引入社会资金和工商资本来参与全球社会的竞争，全球竞争的激烈性和风险性又会迫使政府放弃一部分自治权来承担企业的角色。

政企合作的治理模式又称城市企业主义，是指将企业的一些经营手段和理念与市场精神应用于城市的治理过程中。在进行城市环境开发时，地方政府会引入竞争、公私合伙、市场机制、风险承担、创新等企业营销战略和企业经营手段，通过政府与企业的强力推动，促进地方的发展与增长。

因为城市是一个非常复杂的系统，涉及人口、土地、资源等要素的整合，因此要想有效治理一个大城市，就必须通过实践调研，提前设计好一个有效的治理框架，使得城市在日常生产经营和生活领域有效运转，提高城市的治理能力，进而使得城市管理更加有效。

城市之间的竞争越来越激烈，不同城市的治理模式都不相同，即便是同一个国家的不同城市、同一个城市的不同部门，治理模式也大不相同。每个城市的治理模式并不是固定的，不仅需要根据城市自身的发展特点选择适合自身发展的治理模式，而且需要根据内外部环境的变化不断调整城市的治理模式。确切地说，每种治理模式都会带来一定的问题，要解决这些问题，就需要制定新的方案，这种循环模式既是对前期治理模式的检讨，又是对新环境的适应。一般来说，城市治理包括城市外部治理和城市内部治理两个方面。

（三）城市治理的模式

在对西方发达国家城市的发展模式进行一番考察、调研后，瑞士政治学家皮埃尔依据不同的参与者、手段、政策和结果，总结出了 4 种主要的也是目前为止最为经典的城市治理模式，即社团模式、管理模式、促进增长模式和福利模式。

（1）社团模式。这种模式将治理城市的主体分为不同的利益集团，根据参与的层面不同，又将每个集团内部分为高层领导和基层群众，基层群众是无法直接参与城市治理的，只能通过间接的方式参与，如将自己的诉求反映给能够直接行使城市治理权利的高层领导。这种城市治理模式强调以利益为导向，他们在参与制定提供城市服务的政策之前，会首先确保自己的利益得到有效维护。所以，社团模式的主要手段就是协调参与，以包容的方式让城市各利益团体都参与到城市治理的过程中，显示了较强的广泛性。然而，每种治理模式都或多或少存在一些问题。社团模式的缺点是治理的成本很高，必须通过增加公共开支来提高管理服务的水平，但是作为城市的利益团体，他们本身的财力有限，无法提供足够的公共税收，因此会造成严重的财政失衡，给政府的财政带来问题。所以，这一模式比较适用于一些规模不大但工业高度发达的西欧国家。

（2）管理模式。管理模式把城市的生产者与消费者视为市场的参与者，倡导让管理者管理，这里的管理者是那些非公共服务和组织生产的管理者，而不是所谓的政治精英，它强调积极的专业参与，为了提高公共服务分配和生产的效率，要通过广泛的专业管理手段，让消费者选择生产者和产品。这一管理模式强调将转移管理思想引入公共部门，深刻意识到了消费者在城市治理和市场运作中的重要作用。但是，该模式的弊端主要是没有办法准确地界定政府的角色，不能够很好地协调城市治理过程中政府与企业之间的矛盾。此外，消费者对产品和服务的选择也具有很大的不确定性。

（3）促进增长模式。这种模式一般由当选的城市政府官员和城市的商业精英参与，他们制定有效的城市管理政策来推动城市经济的健康发展，共享发展利益。促进增长模式是一种十分常见的治理模式，因为一个城市的长期经济增长和可持续发展可以为城市治理的参与者带来更多的利益，是一种双赢的局面，并且经济发展的结果可以量化。这种模式的弊端是参与者的目光不够长远，他们一般追求的是当下的利益，而且它的参与者不包括一般的人民群众，难以调动社会上的广泛群体参与城市治理的积极性，甚至可能造成利益既得者的利益冲突。

（4）福利模式。这种模式较前面的治理模式来说比较罕见和特殊，它仅有的参与者是国家官僚机构和政府官员。地方福利水平的维持主要依赖于国家预算基金的划拨，城市政府通过这种方式来复兴地方的经济水平，所以地方政府有必要与高层政府维持良好的关系。这种模式的治理行为效果是短期的，具有比较明显的短视性。如果不愿与那些私营资本家结成同盟伙伴关系，那么必然无法维持很长的时间，由于高层政府无法平等地重视其管辖的所有区域，由此导致的不平衡会引起争议。这种模式的发展依靠中央政府的财政拨款，中央政府出现财政赤字时，就无法提供财政划拨，导致发生更加糟糕的情况。

（四）社会治理的定义

社会治理（Social Governance）这一概念是随着国家的发展而产生的。立足于现代政治民族国家的概念，在现代社会不断发展演变的过程中，人们渐渐认识到使用政治手段对社会进行全面的规范管理十分困难，不仅无法在功能和技术上得到实现，就连在人们的认知和观念上也无法找到依据，社会治理问题越来越成为现代社会发展的焦点。

社会治理的主体是社会组织、社区、政府、企事业单位和个人，其方法是平等的协商、合作、沟通和对话等，依法规范和引导社会组织、社会事务和社会生活，以此来实现最大化的公共利益。

（五）社会治理的内容

从字面意义上看，社会治理是指治理社会的过程，即由特定的社会主体通过一系列方法和政策对社会实施管理的过程。图 2.1 中显示了城市治理关系图。

社会治理包括一系列的制度和政策，通过这些制度和政策来管理一个社会的政治、经济、自然环境和社会进程，这是西方治理理论的重要组成部分。社会治理是一种管理方式，它不仅在国家进行社会资源和经济开发时发挥作用，而且是制定决策和实施决策的过程。通过社会治理，不仅可以限制和约束社会行为，为组织的运行规则制定框架，而且会对个人产生激励作用。因此，社会治理的角色是多元的，并不局限于政府，社会治理的主体之间还应该进行互动。

（六）城市大脑提升治理能力

借助于综合集成化的城市大脑，可以大大提升城市治理、社会治理能力，实现服务精准化的有效支撑。城市大脑以数据联通、信息共享为核心，可以帮助城市打通各个环节，是城市治理能力提升的一个必然途径。

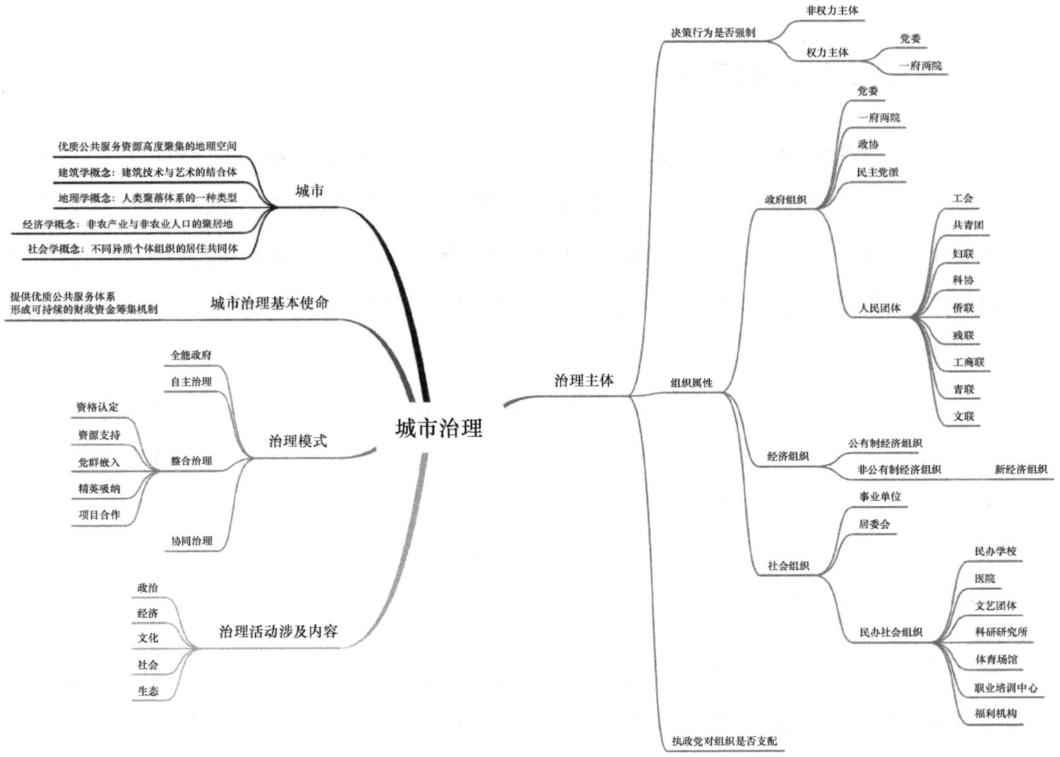

图 2.1　城市治理关系图

杭州市市场监管局推出的“食安慧眼”系统专注于食品安全领域的治理与提升，保障广大老百姓的饮食安全。智能晨检机代替原先的线下晨检，通过人脸识别、红外体温测量，严格规范员工做好每日岗前晨检；智能抓拍系统，实现对厨师在后厨未戴工帽、未戴口罩、违规抽烟、玩手机等 10 种不规范穿戴及违规行为的自动抓拍与预警提醒。先洗手消毒，后进入专间，厨师双手污染是影响食品安全的高风险因素，应用洗手消毒感应设备，厨师洗手消毒后，会自动触发电子门锁开门，同时避免手触门后的二次污染。

杭州市市场监管局构建的全市电梯安全运行监测体系降低了城市电梯运行的故障率，缓解了市民对被困电梯时的焦虑恐慌情绪。当市民被困电梯时，通过智慧救援，实现困人智能派单、人员的就近派遣、救援轨迹实时跟踪等智能服务；

对小区的电梯，市民通过扫描梯内的二维码，可查询电梯的维保作业信息、检验信息及监察信息，还可以在线投诉和申报故障。通过故障数据分析和维保、检验情况在线监测，挖掘隐患问题，实现提前预警，及时消除隐患。市场监管系统通过开发智慧救援、公众参与、数据分析和动态监管等功能模块，全力保障市民的安全。

三、大城市治理的新趋势

在1996年发布的《伊斯坦布尔宣言》中，联合国人居组织强调："我们的城市必须成为人类能够过上有尊严、健康、安全、幸福和充满希望的美满生活的地方。"但是，随着人口的大规模聚集，人口聚集地也就是城市的资源会被不断地开发和利用，城市的环境承载力在城市居民不合理的利用下渐渐变弱，这就会导致人与自然、精神与物质甚至人与人之间的失衡，由此引发一系列的问题和危害，阻碍城市的健康发展，导致城市居民的生活质量下降和城市文明的倒退。

城市的产生和发展体现了人类的文明，它的包容性、发展性和社会性使得人类社会的秩序不断完善。

随着人口在一个地区不断聚集，城市的人口规模会越来越大，纵观城市的发展，有的城市人口已经超过1000万，发展到大城市规模；人口超过2000万，再基于本城市居民的繁衍和外来居民的迁入，城市的规模渐渐变大，已发展成为超大城市。很明显，超大城市的工业、创新和经济发展的规模是其他小城市或大城市无法比拟的，因而超大城市对国家总体经济的发展有着不可估量的作用，对国家经济的贡献率也较其他规模的城市大得多。

超大城市（Megacity）并不是新概念，它一般是指人口规模，但传统意义上的理解显然已经无法适用城市的快速发展。超大城市的概念该如何理解？如何发展和治理超大城市？超大城市在国家和区域的发展中会发挥什么样的作用？这些问题都是需要解决的。

（一）超大城市的综合功能将构成一种文化

超大城市意味着更多的人口和更加复杂的构成，虽然这为推动城市的经济发展提供了更多的可能性，但也会为城市治理增加更多的难题。超大城市和国际化大都市在历史面貌和城市的功能定位上有所差别，但在城市的吸引力和影响力方面又存在着显著的同质作用。

超大城市的发展是人类生活方式进化到下一阶段的表现。因巨大的经济实力和顽强的吸引力，越来越多的人渴望在超大城市定居与发展，而城市的包容程度也会更大，会创造出许多创业和就业的机会。

（二）超大城市应具有全面抗灾能力

超大城市的经济实力很强，就业和创业的机会更多，科技更为发达，为了追求更高质量的生活，人们会向往超大城市。超大城市应把全面抗灾能力作为城市建设和治理体系的核心与重要保障。

（三）超大城市对城市大脑需求的迫切性更高

由于超大城市拥有更多的人口和更加复杂的城市系统构成，城市的资源更加不平衡，城市治理的难度也更大，因此数字化技术发挥的空间会更大，城市大脑在超大城市可以发挥的空间也更大。

超大城市是生命体、有机体，需要敬畏，也需要善待。一流城市追求一流治理，某种程度上也是追求“强身健体”的过程，需要有强大的大脑中枢、细密的神经网络，需要有从头到脚通畅无阻的循环系统，也需要持久的动能和耐力。

四、风险社会与城市治理

突发社会安全事件管理是公共危机管理之一，一般包括重大刑事案件、重特大火灾事件、恐怖袭击事件、涉外突发事件、金融安全事件、规模较大的群体性事件、民族宗教突发群体事件、学校安全事件以及其他社会影响严重的突发性社会安全事件。2006 年 1 月国务院颁布的《国家突发公共事件总体应急预案》规定，根据突发公共事件的发生过程、性质和机理，突发公共事件分为以下四类：第一类是自然灾害，主要包括气象灾害、地震灾害、水旱灾害、地质灾害、生物灾害、海洋灾害和森林草原火灾等；第二类是事故灾难，主要包括交通运输事故、工矿商贸等企业的各类安全事故、公共设施和设备事故、环境污染和生态破坏事件等；第三类是公共卫生事件，主要包括食品安全和职业危害、传染病疫情、动物疫情、群体性不明原因疾病以及其他严重影响公众生命安全和健康的事件；第四类是社会安全事件，主要包括经济安全事件、恐怖袭击事件和涉外突发事件等。

2002 年底，广东省出现了感染严重急性呼吸综合征（SARS）人群，并不断扩散，到 2003 年中期才逐渐消灭这一全球性传染病。疫情爆发期间，由于医务人员和患者的死亡，引起了人们对社会的恐慌。世界各国对疾病的命名、处理等受到了广泛关注。

2019 年 12 月出现的新冠肺炎（世界卫生组织将其命名为 COVID-19）是指 2019 新型冠状病毒感染导致的肺炎，是感染新冠病毒引起的急性呼吸道传染病。

为应对疫情期间的人员流动及复工复产的需要，杭州市基于城市大脑，率先开发出健康码，随后全国各大城市全面效仿，最终成为“数字抗疫”“复工复产”的利器。

延伸阅读

线上助力线下，城市大脑筑起“精准防控网”[①]

线下的严防死守，还需要与大数据结合，精准防控疫情。

1 月 28 日下午，长庆街道数字驾驶舱工作人员在综合指挥中心值守时，发现

① “城市大脑+武林大妈”下城织密阻击疫情“一张网”. 浙江新闻客户端，2020-01-29

辖区内一辆鄂 A 牌照小货车，立即发送指令至社区网格员，吴牙社区武林大妈随即进行了风险排查，向综合执法队提出执法需求。

经长庆综合执法队和综合信息指挥中心查实，该辆货车为一蔬菜店经营者所有，执法队员随即上门进行了问询，后证实该店主及车辆近期未与湖北的相关人员接触过。

大数据赋能，下城利用城市大脑为网格化排查提供基础支持，提高防控效率。依托城市大脑数字驾驶舱智慧停车等模块，下城对辖区的车辆、人员及其他异常情况进行实时防控，一旦发现，及时通过数字驾驶舱指挥系统，指挥就近的工作人员、武林大妈等，第一时间进行现场核实，快速处置。

潮鸣街道通过数字驾驶舱的城管智慧停车系统和小区的车辆出入系统，对重点地区的车辆进行比对预警。连日来，通过线上智能识别及网格员和武林大妈的常态化巡查，街道及时发现了辖区 5 辆重点地区车牌车辆，并通过现场核查，对驾驶员进行了上门核实检查，逐一排除嫌疑。

春节假期之后，大量人员返工、返校，正是防疫的高峰期。如何提高防疫的排查效率？东新街道利用单身公寓楼以及小区安装的智能安保系统（门禁系统），与城市大脑做好数据接入。一旦符合预设条件人员返杭，使用门禁卡回家入住时，城市大脑就会预警，并将相关人员信息及时推送到相关的社区以及物业公司，工作人员可以第一时间上门进行询问、登记、预检。

下城区委主要负责人表示，下一步要进一步发挥“城市大脑+武林大妈”的实战叠加效能，联防联控、群防群治，以实现精准发现、精准管控、精准指挥和精准处置，坚决打赢疫情防控阻击战，确保人民群众的生命安全和身体健康。

延伸阅读

王坚院士谈城市大脑

1. 城市大脑标志着算力时代的开始

我认为城市的发展经历了三个阶段：马力时代，这个时代的城市文明与发展程度是由城市有多少马来决定的；电力时代，130 年前把电网引入市区，支持城市的运作。算力时代，这是对电力时代的发展，因为有了大规模的算力，管理部门每分钟都可算出下一秒城市将面临的问题。我愿意把它叫做城市的智能，而不是人工的智能。只有提高整个城市的系统效率才是“城市大脑”实际上应该做的事情。每分钟都有“城市大脑”帮你计算，这才真正算得上是“算力时代”的开始。因为今天的城市有着前所未有的富有资源，也就是“数据资源”，城市大脑的运行才有可能。

2．城市大脑是未来城市的基础设施

城市应该有一个新的基础设施，才能发挥出今天所有新技术的最大作用，而城市大脑就是未来城市的新的基础设施，这恰恰是所有智慧城市都没有谈到的事情。数据成为城市发展中非常重要的战略资源，这是智慧城市没有谈到过的东西。

当数据成为城市资源时，数据是谁贡献的？是生活在这座城市的每个人。一个城市不是建造出来的，而是通过每个生活的人自然而然生长出来的。

今天城市发展的巨大机会就是引入了新资源，我把它叫做数据资源。相信有一天城市管理者会意识到这个问题，今天所有城市的大数据部门都是招商部门，而不是城市发展部门。

为什么全世界的城市会面临同样的问题？比如说交通问题，这是接下来我要讲的城市大脑想法的一个基本假设。我们要认真地想一想，信息技术已经发展六七十年了，一个城市是不是也该出现新的基础设施？

答案是肯定的，城市需要新的基础设施，今天大家习以为常的城市基础设施是一百年甚至一千年前的一次发明创造。比如说一个城市开始有了路、有了下水道、地铁、电网等，这些都是城市发展过程中非常了不起的成就。我们今天无法想象一个没有电的城市，只不过因为电太普通了，大家都觉得没什么了不起。

我们现在谈大数据的时候，并没有把数据当作城市的资源，我们通常会把大数据当作是与计算机、手机一样的东西，只是技术工具而已。但当用资源的观点看数据时，我们会发现城市发展不是只有空间、水这些资源。

当你把数据当作城市资源看时，就会彻底改变对城市发展的看法。我们能够谈论城市大脑的第二个原因是，算力像电力一样彻底改变了城市形态。

我经常讲电改变了很多东西，使人类失去了非常宝贵的东西——夜晚，大家想过没有，因为电牺牲了多少睡眠的时间？但电也为我们创造了非常重要的东西——夜生活。20 世纪 30 年代中国人最羡慕上海的地方就是夜生活，所以电给城市带来的动力远远超过照明。

为什么今天的城市大脑会变成巨大的机会？因为你会突然发现，经过一百年，算力像电力一样在彻底改变城市的所有形态。所以我想说明的第三件事情就是算力对城市的影响。

这和过去智慧城市只讲传感器是完全不同的境界，今天一座城市知道的东西远远比你多，但能够理解的东西远远不如一个人，这是城市真正面临的挑战。城市不是不知道发生了什么，而是不理解这些事情为什么发生，所以计算会变得非常重要，人工智能其实是一种能够用好今天城市计算资源的新方式。

以上这三件事情解释了为什么说城市大脑是城市未来发展的新机会和方式。

最后我想表达几个观点，去年在中国城市规划年会上，我讲了三件事情。

（1）像规划土地资源一样规划城市的数据资源。

这意味着什么？意味着数据会决定房价。其实在上海黄浦区，20%的土地都被用来修路，如果我们能用数据把修路的土地省下 5%，那会是多大的一笔财富？因为数据资源，人类第一次有机会去思考这个问题。

（2）像规划垃圾处理一样规划数据处理。

处理垃圾是城市发展过程中的一次非常大的飞跃，早期刚有城市形态的时候，没有人想过处理垃圾。今天我们对大数据的理解和早年对垃圾的理解是一样的，早年城市资源就是被浪费掉的。

大家不要觉得讲了那么多年的大数据就是对数据的重视，不光在中国，在世界上的任何一座城市，在数据处理上投入的资源、金钱远远不能和垃圾处理上的投入相比。有一次我跟几个市长讲，未来世界城市什么时候会发生翻天覆地的变化呢？当一座城市花在数据处理上的钱和花在垃圾处理上的钱一样多的时候，我们就可以看到了。

（3）像规划电力一样规划算力。

智慧城市就是告诉你买很多计算机来处理数据，但有了城市大脑后，城市会发生天翻地覆的变化。当计算变成城市发展真正机会的时候，任何一座城市就要像规划电力一样来规划算力，供给不足时，城市就运营不下去，就像今天没了电力一样。

回过头来讲，当我们修了路、修了楼、有了电后，就相当于过去有了电网，能够把算力、数据价值带到每家每户，造福每个家庭。

城市大脑是机器智能的登月计划。我觉得今天所有的人工智能都在讲怎么让机器传感器模仿人做的事情，而当你了解城市挑战的时候，你就会发现，实际上今天城市所有的问题都不是人的智能可以解决的。只有引进新的智能（机器智能），才能解决这些问题，就像今天我们再也不会靠人力来修建从北京到上海的高铁。

机器智能实际上告诉大家的是，只有人的智能是不够用的，城市的复杂度远远超出人类本身智能可以解决的范围，但是人类可以发明出一种新的智能——机器智能，用机器智能来解决我们所面临的挑战，机器智能带动科技发展的程度远远超出我们的想象[①]。

小贴士

宾夕法尼亚州立大学教授黎珍辉对城市大脑的解读

我认为有很多复杂的问题可以让学术界的人来做，大家没有看到这些问题，“城市大脑开放研究计划”就是让大家看到这个问题。

大家知道学术也是要创新的，但不是拍着脑袋就可创新的。我们待在学校里面，其实接触不到很多真实的场景，城市里面有很多真实的场景不是你在学校里面坐着拍脑袋就可以拍出来的。我们可以做一个很准的预测，构建一个复杂的模型，把这个交通的状况预测出来，但是还是不能解决问题。我能够预测下面十分钟就会堵车，但是我不知道接下来该怎么办，要解决该怎么办是一个非常复杂的问题，我

① 城市大脑：技术的下一个大挑战. https://city.huanqiu.com/article/9CaKrnK9COh，2018-06-20；王坚院士纵论“城市大脑”：“算力时代”如何实现治理能力现代化. 大众日报，2019-12-22

觉得现在学术界做这个问题的人太少了。

其实有很多复杂的问题是可以让学术界的人来做的，大家没有看到这些问题，我觉得我们的这个计划是让大家看到这个问题。昨天我还看到一个例子，如何发现群租？通过水、电等都能发现这个房子是不是超过了应该居住的人数。

我们现在做所谓的人工智能，学术界的模型可以发现这样的事情，但是发现了又怎么样？发现了没有解决这个问题，怎么解决这个问题是非常复杂的，其实很需要做研究的人到实际的场景中看到这些事情后去想该怎样创新。我就想补充一下这就是“城市大脑开放研究计划”对学术界做创新人有非常大的吸引力的原因①。

复习思考题

2.1 怎样理解城市生命体理论？

2.2 什么是社会治理和城市治理？怎样理解社会治理与其他治理之间的关系？

2.3 城市治理主要有几种模式？

2.4 突发社会问题下的社会治理有哪些特点？

① 城市大脑：技术的下一个大挑战，https://city.huanqiu.com/article/9CaKrnK9COh，2018-06-20

第三章

城市大脑的建设

学习目标

- 了解城市大脑建设的架构
- 具体说明城市大脑建设的要素
- 理解城市大脑建设的“531”架构
- 明白城市大脑“五位一体”的顶层设计

第一节　城市大脑建设的“531”架构

城市大脑在杭州市等地的实践过程中，已经逐步打造了城市治理现代化数字系统综合解决方案。城市大脑首先要做强城市级中枢系统，具体体现为“一整两通三同直达”；同时实现“一脑治全城、两端同赋能”的运行模式，让城市的参与者（乘客端）和城市的管理者（驾驶端）同步得到赋能。

“一整两通三同直达”，是指全面汇总整合城市各级各部门的海量数据，推动系统互通、数据互通，促进数据协同、业务协同、政企协同，打造直达民生、惠企、社会治理的丰富场景和数字驾驶舱，构建全数集成、万物智联的中枢系统。

“一脑治全城、两端同赋能”，是指运用城市大脑系统实施“善治六策”，推动城市的管理者（驾驶端）和城市的参与者（乘客端）同向发力、交互赋能，利用帮助城市管理者进行辅助决策的数字驾驶舱，让城市的管理者能够更好地驾驭和治理城市，更精准有效地施政，使广大人民群众有更便捷舒适的体验，共同开启城市幸福生活之旅。

杭州城市大脑建设以“五位一体”为顶层架构，覆盖经济、政治、文化、社会、生态文明五大领域，已成为城市数字化的核心引擎。在五大领域之下，细分了各个子板块。杭州市发布的 11 大应用系统包括警务、交通、城管、文旅、卫健、房管、应急、市场监管、农业、环保、基层治理等。各个子板块以信息化系统作为支撑，充分发挥全市各部门的信息化建设成果，通过补齐短板、融合计算，形成了一体化的城市大脑体系。

经济领域包括公共收支、招商引资、经济走势、市场主体等；政治领域包括公务员状况、党建发展、民主党派、宗教团体、依法治市等；文化领域包括全域旅游、文化场馆等；社会领域包括交通出行、卫生医疗、城市运行、社会管理、教育民生、安全生产、住房保障等；生态文明领域包括天气状况、水文状况、生态面貌。

一、城市大脑的“五个一”

“531”架构中的“5”即“五个一”，具体如下。

（1）打通“一张网”，一张确保数据无障碍流动的网，通过统一标准，支撑城市大脑的数据资源需求。

（2）做大“一朵云”，一朵将各类云资源连接在一起的“逻辑云”，其主体基于杭州市政务外网构建，既能保障数据安全，又能支持对外互联互通。

（3）汇聚“一个库”，将各部门、外部数据的“小水库”向“大水库”汇聚，形成城市级数据仓库，同时做好数据治理，确保数据鲜活、在线。

（4）建设“一个中枢”，作为数据、各系统互通互联的核心层，实施系统接入、数据融合、反馈执行，目前已初步建成。

（5）建强“一个大脑”，在全市实施统一架构、一体化实施，彻底打破各自为政的传统建设模式，实现市、区两级协同联动，防止重复建设。

二、城市大脑的“三个通”

“531”架构中的“3”即“三个通”，具体如下。

（1）市、区、部门间互联互通。杭州市的政府信息化工作走在全国前列，在不少领域名列前茅，但这些系统也存在着条块分割、自建自用的现象，甚至同一部门的系统内部都不互通，这些问题正是城市大脑要解决的问题。

（2）中枢、系统、平台、场景互联互通。杭州市以中枢为核心，系统贯穿全市，场景覆盖全域。目前的中枢系统已联通 25 个部门、17 个区县（街道），接入公共服务提供商 20 家，接入系统 61 个。

（3）政府与市场互联互通。杭州市正在探索政府主导、市场化运营的建设机制，目前已有 50 余家企业参与城市大脑建设，成立了云栖城市大脑公司、城市大脑停车运营公司、城市大脑云医公司等，实施市场化运作。

随着城市大脑的升级，各个部门、条块数据打通、共享之后，一个城市就成为全通的整体，下一步是在城市和城市之间进行协同、联通。例如，打通长三角城市之间的城市治理、社会治理的数据。从长远来看，完全可以形成全社会的数据流通、协同、共享。

三、城市大脑的“一个新城市基础设施”

“531”架构中“1”即“一个新城市基础设施”。城市大脑通过全面打通各类数据，接入各业务系统，实施融合计算，将为城市建设一个会思考、能迭代进化的数字化基础设施。未来，城市大脑将会随时为杭州市市民、来杭游客提供服务，如同道路、水电一样，成为必不可少的基础设施。

四、“五位一体”的顶层设计

十九大从历史和全局的战略高度出发，对推进新时代“五位一体”总体布局做了全面部署，从经济、政治、文化、社会、生态文明五个方面，制定了新时代统筹推进“五位一体”总体布局的战略目标①。

杭州城市大脑以经济、政治、文化、社会、生态文明五大领域为根目录，进行顶层设计，每个根目录又派生出二级目录、三级目录和四级目录等。例如，经济领域的二级目录为第一产业、第二产业、第三产业和开放合作，社会领域的二级目录为公共服务、社会管理和应急管理等，社会领域的三级目录为城市管理、平安建设、市场监管等，构建了一幅脉络非常清晰的树状图。树状图如同“纲”，纲举目张。

第二节　城市大脑建设的要素

杭州城市大脑建设以交通治堵为突破口，开启了利用大数据改善城市交通的探索，走过了治堵切题、治城深化、抗疫深化三个发展阶段。城市大脑建设从城市的一个点开始，然后连成一条线，最后成为一个整体，即从平时管用的治理工具，发展到了遇到特殊情况时可以快速应急反应的治理工具。城市大脑的建设首先是场景建设，然后是系统平台建设、数字驾驶舱建设，最后是中枢系统建设。同时，相应的组织架构、法规支撑同步跟进。未来将达成城市与城市的联通，最终形成全社会覆盖。从平时“移动治城”到“新冠疫情”“洪灾来袭”来袭，快速反应迭代场景更新，真正实现了平急结合。城市大脑建设内容包括如下几个方面。

① 人民网，http://cpc.people.com.cn/19th/GB/index.html

一、场景建设是城市大脑的落脚点

杭州城市大脑从惠民利民的一些小事切入，打造了一个个丰富多彩的应用场景。例如，卫健系统的“舒心就医”实现了“最多付一次”的目标。原来到医院就诊时，挂号、放射检查、化验、配药每个环节都要往返付费，而在杭州城市大脑的协同下，在本市参加医保并且信用良好的病人就医全程无须先付费，只需在就诊结束后 48 小时内通过自助机、手机等方式一次性支付，目前已在 220 多家医疗机构推行，医院的收费窗口数量下降了一半以上，大大节约了管理成本。

又如，城管系统的“便捷泊车”，扫码一次，终身绑定，全城通停，并且实现了“先离场后付费”。已开通场库 1857 个，开通泊位总数 30.3 万余个。该项服务的注册用户总数已达 22 万个，平均每天新开通用户 4000 个，日均支付笔数 1 万多笔。更进一步，推出了“无杆”停车，已有 75 个政府投资的公共停车场取消了栏杆，实现了车辆的自由进出。

再如，文旅系统的应用场景已使得 10 秒找空房、30 秒酒店入住、20 秒景区入园成为现实，在西湖景区的景点和四星级以上的酒店做到了全覆盖。到 2019 年底，杭州城市大脑上线的应用场景达到了 48 个。

场景是城市大脑的落脚点，以人民为中心打造便民惠企的场景是城市大脑的首要工作。在应急情况下，快速迭代生成有用管用的方案一般也依托于场景。

二、组织架构全面覆盖城市大脑的全方位要求

杭州城市大脑构建了纵向到区县（市）、横向到各部门的组织架构，纵向延伸到区县的称为“平台”，如“杭州城市大脑・上城平台”“杭州城市大脑・萧山平台”，目前已有 15 个平台；横向扩展的为“系统”，如“杭州城市大脑・城管系统”“杭州城市大脑・卫健系统”，目前已有 50 余个系统。无论是平台还是系统，均接入位于云栖小镇的中枢。在云栖小镇专门成立了杭州城市大脑运营指挥中心，该中心集

中枢运维、指挥应用、成果展示和专班研发于一体，由杭州市数据资源局牵头管理。

三、数字驾驶舱是城市大脑决策体系的要求

各平台和系统的主屏都以数字驾驶舱的形式呈现。各平台的数字驾驶舱围绕经济、政治、文化、社会和生态文明的可视化内容展开，各系统的数字驾驶舱围绕各单位的工作职责、工作领域和工作重点的可视化内容布局。杭州城市大脑可视化就是将城市运行核心系统的各项关键数据通过人工智能转换成直观的几何图形、图表或其他直观形象的方式，并且生成多个“指数”，展示在同一个大屏上，清晰有效传达要表达的信息，使受众更容易理解大数据的分析结果并获取所需信息。数字驾驶舱除了大屏版，还有便于移动应用的手机版。目前市委书记、市长的数字驾驶舱已开发就绪，卫健系统、文旅系统、城管系统、财政系统等多个系统的数字驾驶舱均已上线。

杭州市各系统的数字驾驶舱、杭州市政府的数字驾驶舱的建立，为城市管理者提高了实战能力。

四、良好的组织是城市大脑建设的重要支撑

市级层面成立杭州城市大脑建设领导小组，由市委书记挂帅，另有 6 位市领导担任副组长，一位副市长主抓，各区县（市）和各部门主要领导均为领导小组成员。同时，以项目为单元，建立工作专班，目前专班数已有 29 个，工作人员达 350 余人，分别来自政府部门和 50 余家企业，统一进驻云栖小镇集中办公。专班既分工又合作，既独立又打通，在办公场地、后勤服务、设备设施和云资源等方面给予统一保障。专班之间还进行大比武，开展五一劳动奖章评选。此外，全市还建立了统筹考核推动机制，市考评办、市数据资源局、市委、政法委联合对全市 15 个区县（市）和功能区的 101 个部门下发任务书，并列入年底考评内容。全市城市大脑工作进展每周通报一次。

五、城市大脑助推产业培育

杭州城市大脑建设一开始就考虑市场化运营，将城市大脑作为可复制的产品进行推广。目前杭州市政府成立了城市大脑协同创新基地，培育了一批优秀的企业，并开始公司化运营。各区、县（市）也随之纷纷成立相应的机构，或国有独资或混合所有，形式不一。面向市场的公司运营既要解决城市大脑研发投入问题、运营费用问题，又要带动产业发展，拉动数字经济。杭州城市大脑如同蹒跚学步的小孩，不断地探索前行，也面临着许多挑战，如信息质量、数据安全、数据开放、隐私保护等，在技术层面还需要攻克许多难关，以便不断迭代升级。我们将不忘初心，牢记使命，开拓进取，勇往直前，让城市大脑结出的果实不是盆景，而是亮丽的风景，为世界提供数字治理的城市范本。

六、城市大脑的法规支撑

目前，杭州城市大脑立法工作已进入倒计时。在杭州城市大脑的建设历程中，很重要的事情是打造合适城市大脑运行的法规支撑，动态更新不合时宜的法规。

城市大脑的推进倒逼公务员理念转变，倒逼政府流程再造、管理模式创新。涉及一些已不合时宜的规章时，要及时予以修订，为城市大脑开路。例如，为缓解交通拥堵，几年前杭州市曾颁布市长令，对外埠车辆进城、出城实施错峰限行政策，给外地来杭人员带来了诸多不便。在杭州城市大脑的协同下，市长令做了优化，推出了“非浙 A 急事通”，给了外埠车辆每年 12 次不必错峰限行的机会。

又如，2013 年颁布的《杭州市机动车停车场（库）建设和管理办法》，管理主体多头，对主营的社会停车场数据接入没有要求。为明确牵头部门，及时启动了修订程序，将市城管局作为停车场库的主管部门。此外，对各停车场的数据接入也将提出刚性要求。

小贴士

专家、城市管理者关于城市大脑的解读（1）

在信控中国俱乐部和赛文交通网联合主办的第二届（2018）中国交通信号控制发展年会上，公安部交通管理科学研究所副研究员顾家悦解读了新一代智能交通管理系统架构与城市大脑的关系。

1. 智能交通管理系统的发展概况

我国特殊的交通管理体制，决定了智能交通管理系统是公安交管部门用于开展道路交通科学管控的关键技术手段。经过三十多年的研究开发和探索实践，实现大范围应用的智能交通管理系统已经基本形成并初具规模，并且智能交通管理系统也已成为我国智能交通系统的重要组成部分和主要应用领域。

总结、梳理这些年来智能交通管理系统的建设与发展情况后，大致可以将智能交通管理系统的发展历程划分为以下4个阶段。

（1）原始阶段。整个系统很简单，即原始的通信手段加上手动控制的信号灯。也就是说，当时配备给交通民警的无线对讲机和路口安装的手动控制的交通信号灯构成了最初的智能交通管理系统。

（2）探索阶段。部分城市的交管部门开始自发地引进使用交通信号控制系统，并逐步开始建设闯红灯自动记录系统等其他单体子系统。这一时期主要是1997年以前的时间段，那时对于智能交通管理系统到底包括哪些内容还没有一个比较清晰的认识，各地仍然处于自发建设阶段，还在摸索和尝试。

（3）规范阶段。这时相对来说产生了较为丰富的各类单体系统，并且也积累了一定的建设与应用经验，促使交通管理部门产生了把系统关联和集成的想法。同时，公安部在20世纪90年代末下发了指导全国公安交通指挥系统规范建设的文件。到2003年，制定发布了《公安交通指挥系统建设技术规范》。这个时期的特征是智能交通管理系统开始规范化、标准化。

（4）当前发展阶段。这个阶段的原生动力是快速发展和落地应用的大数据、云计算、物联网、互联网+、新一代移动通信等，同时伴随着人工智能等技术的兴起和广泛应用，赋能智能交通管理系统开始进行新的质变和提升。

2. 智能交通管理系统架构优化

回顾这么多年以来智能交通管理系统的发展历程，可以看到每次智能交通管理系统的升级优化都伴随着架构体系的改革和优化。

初期“烟囱式”架构系统林立，设备间难以实现联动控制，系统内部缺乏数据交互；后期发展到了“集成式”架构，相关的数据、功能、模块实现了调用和关联。同时，智能交通管理系统架构的演化和迭代支撑了智能交通管理系统的发展。

在当前技术发展背景下，交通管理应用需求扩展逐渐深化，功能业务流程的调整加快，交通管理数据种类越来越丰富，数量庞大。功能拓展逐步深化，用户体验要求提高，新技术催生传统架构需要随着智能交通管理的优化升级进行改变。

经过一段时间的探索和总结，对于新架构的设想大概分为三大块：用户、中心和前端。整个架构设想是融合大数据、云计算、人工智能等先进技术，同时特别强调结合整个智能交通管理系统的建设发展情况和实践应用经验。

整个架构组成部分主要划分为六个方面。从上到下分别为感知/认知层、基础设施层、中间平台层、数据共享层、应用支撑层和业务应用层。

（1）第一层是业务应用层，也称用户交互层。这个层面是最直接和用户进行交互的界面，目前智能交通管理系统应用的重心是围绕“情、指、勤、督”四位一体，特别是“情指勤”警务一体化的应用建设。

智能交通管理系统的业务应用涉及很多交通部门和各种各样的用户，业务比较丰富。虽然公安部门属于政府行政部门，但是我们有一个最直观和贴切的感觉，即公安交警随着系统的应用不断深入，需求变化调整非常快。在整个设计、建设、应用、运行、维护的全过程中，时刻会产生新的想法、新的调整。应该说，这种变化不亚于互联网企业应用开发的强度和需求。

智能交通管理系统随着业务的改变一直在不断地迭代和优化，现在的用户层建设模式属于厚重型，对于这一层的建设，我们的设想是走轻量化、定制化的路线，或者整个应用能够满足业务，满足部门，满足用户，可以快速地进行调整，最好能够进行自由的流程化编组，以自定义的快捷方式进行建设。

（2）第二层是应用支撑层，也称通用功能支撑层。这一层主要是为了满足业务应用层轻量化和定制化的建设需求，建设思路是首先对应用系统功能中共性的、通用的、可归纳的模块进行提炼和抽取，然后将它分成模块化的服务型功能模块，形成最基本的单元式后台功能服务。

随后是为业务应用层的调用提供支撑，如将及时服务、用户管理、时钟校验等进行模块化分装，建立标准化的算法仓、模型仓，包括人工智能的算法仓。应用支撑层建设和业务应用层建设的区别是，更侧重于构建标准化、后台化的灵活调用的底层功能模块。如果这种建设可以实现，那么整个智能交通管理系统的建设就可以实现集约化和更加协调的发展。

（3）第三层是数据共享层。数据共享层有三个定位。第一是作为数据的统一接入，按照统一的标准和接口实现内外部数据的统一汇总，包括数据清洗、预处理等方面的应用；第二是数据治理精细化管理，可以按照业务属性进行分类管理；第三是实现统一的数据对外共享，以及作为业务应用层和支撑层的调用服务的支撑。

数据共享层的建设方式是主要依托中间层和基础平台层的支持，通过中间平台层开发中间的调用服务及硬件资源平台，结合传统数据处理技术和大数据处理技术，构建统一的资源池。

（4）第四层和第五层分别是中间平台层和基础设施层。建设思路是参照云平台 PASS 层和 ASS 层建设的想法，实现开发资源集约管理和调动，资源池可以对存储、计算和网络进行池化建设，统一集中管理。

（5）第六层是感知/认知层。目前的硬件技术，特别是芯片技术的发展突飞猛进，外场设备性能有了很大的提升。原来的设备功能比较单一，而现在设备的功能越来越整合。随着硬件水平的不断提升，将前端社会注入人工智能的环境和条件已经具备，现在很多厂商的设备已在应用人工智能。此外，在前端社会之间，横向集成、数据关联的条件已经形成，可以实现关联打通，数据为前端融合创造了条件。

现在有两种不同的想法。一种是前端设备简化，后台做大做强，由后台统一进行运算和管控；另一种是前端要做得非常强，所有功能都可以在前端实现。我认为这两种方式应是互补和合作的情况，而不是谁取代谁的局面。

第一，特殊的应用场景需要。因为外场设备称为系统，主要的核心设备和辅助设备相互协作，协调实现功能，而不是由某个设备实现的。

第二，“中心计算”+“边缘计算”模式也在一定程度上体现了云计算的分布、并行处理特征。

第三，通信传输能力受限。例如，完全由中心“云端”实现认知功能时，通信传输能力和通信建设成本都较高，并不是所有地方都能承受的。

前面六个层次是我们提出的智能交通管理系统架构优化想法，这个架构与当前比较火热的城市大脑之间是怎样的对应关系呢？

我们认为城市大脑也是应用了云计算、大数据、人工智能等新技术的综合体，我们提出的新架构也是关于新技术的有机整合。哪些方面可以呼应城市大脑？就是通过业务应用层、应用支撑层、数据共享层、中间平台层和基础设施层。我们这个架构的核心思想是将应用模块化、云化、服务化，最好可以实现服务最大化。

从应用的角度来看，云计算今后如何演变是不可预知的。目前我们希望将功能模块层面作为服务来体现，主旨还是做大做强中间层，做好共享服务层。

3. 存在的问题及展望

第一，各地都在摸索和探索新一代架构系统建设标准化的工作，但是都没有开展，我们认为新一代架构系统标准化工作急需开展。《公安交通指挥系统建设技术规范》的修订工作已经开始，趁此标准修订，要完成新一代智能交通管理系统架构标准化工作。

第二，基础设施的兼容性问题。很多地方建设了大脑，但是大脑底层开发软件产品的技术路线是不同的，很难做到兼容，不利于后期的发展。希望通过应用和技术层面的建设能够促进大脑底层基础设施的融合。

第三，大脑系统的开放性问题，即如何构建生态的问题。这个问题是由基础设施兼容性问题衍生出来的。整个城市大脑建设目前最广泛的应用应该还是智能交通管理系统。然而，交通管理系统从应用来说不太可能由一家集成商完成，需要很多专业应用开发厂商和底层基础设施建设厂商合力完成，搭建一个和谐的“生态”系统。

回到架构系统优化的主题，架构优化的好处之一就是信号的整合。通过这个架构将交通信号控制系统迁移到大数据平台，实现不同信号系统的整合，可以解决目前很多城市困扰已久的问题。

最后我以宋代理学家朱熹的诗句“问渠哪得清如许，为有源头活水来”作为这次汇报的总结。智能交通管理系统的不断发展，不仅需要引进新一代科学技术，而且需要智能交通人勇于探索，积极实践，积累经验，相信随着大家的共同努力，智能交通管理系统能够发展得越来越好①。

复习思考题

3.1 城市大脑建设的“531”架构是什么？

3.2 “531”分别表示什么？

3.3 怎样理解“五个一”“三个通”“一个新城市基础设施”？

3.4 城市大脑建设的要素主要有哪些？

① 慧聪安防网. http://info.secu.hc360.com/2018/02/281807907609.shtml

第四章

城市大脑支撑技术

学习目标

- 理解云计算技术
- 理解大数据技术
- 理解人工智能技术
- 理解区块链技术
- 理解信息安全、可视化等技术
- 理解地理空间技术

城市大脑是一个复杂的巨大系统，人类所能用到的科学技术应该说都可以或多或少地在其中发挥作用，找到应用的位置。因此，城市大脑的发展离不开各种新技术与新模式的应用，新技术主要包括云计算、大数据、人工智能、区块链等，这些技术的融合对城市大脑的发展起到了强大的推动作用。

云计算是城市大脑的“心脏”，所有数据、所有服务都基于它来提供，为城市各个领域的智能化应用提供了统一的计算平台；基于互联网和移动互联网的中枢系统是城市大脑的“神经网络”，为城市大脑提供了无处不在的网络和数据连接，将城市中分布在各处的“部件”有机地连接到了城市大脑；大数据好比城市大脑的“大脑”，是城市大脑建设发展的智慧引擎，驱动了新的知识发现和经验总结。人工智能负责在海量的数据中不停地发现新的规律和新的算法。在这些新技术与新应用的支撑下，城市大脑实现了快速推进和发展。

本章介绍城市大脑中用到的主要技术。就实现城市大脑的功能而言，当前较为流行的主要技术包括云计算（Cloud Computing）、大数据（Big Data）、人工智能（Artificial Intelligence，AI）、区块链（Blockchain）等，下面分别加以介绍。

第一节　云计算技术

一、云计算的概念与原理

（一）云计算的概念

云计算是一种共享基础架构的新兴方法。2006 年 8 月 9 日，谷歌公司首席执行官埃里克・施密特（Eric Schmidt）在搜索引擎大会上提出了云计算的概念，这是云计算发展史上首次正式地提出这一概念，有着巨大的历史意义。

王坚博士（2019 年被评选为中国工程院院士）创立阿里云后，推动了中国的云事业发展，云计算本质上是将巨大的系统池连接在一起，从而提供各种服务。云计算并不是一种技术上的创新，而是一种业务模式上的创新，它通过结合网格计算、虚拟化技术、分布式计算和基础架构服务，虚拟化数据中心的计算资源，然后以租用的形式提供给用户，使用户通过网络获取应用所需的资源（软件、硬件、平台），是一种资源交付和使用模式。美国国家标准技术研究所将云计算定义为一种模型，它可以方便地通过网络按需访问一个可配置计算资源（如网络、服务器、存储、应用和服务等）的共享池。

下面分别从狭义和广义两个角度来解释云计算。

狭义云计算是指“基础设施”的引导和使用模式，即厂商利用分布式软设备和虚拟化技术建立数据中心或超级计算机网络，以免费或租赁方式向技术开发者或企业客户提供数据存储、分析及科学计算等服务。

“云计算”中的“云”是指存在于互联网服务器集群上的资源，包括软件资源

（集成开发环境、应用软件等）和硬件资源（存储器、服务器、处理器等），本地计算机通过互联网发送一条需求信息后，远端就会有成千上万的计算机提供所需的资源并将结果返回到本地计算机，本地计算机几乎不需要做什么，所有的处理都由云计算提供商提供的云计算平台（也称计算机群）完成。云计算平台在物理服务器中建立和管理虚拟运行环境，实现在相同规模的物理数据中心对更多应用和用户的支持。就像建筑物的某层被分隔为多个房间，根据用户的需要，可以通过移动墙壁来调整房间。

广义云计算是指“服务”的交付和使用模式，即厂商建立网络服务器平台，为各类客户提供各种类型的软件服务、硬件租赁、数据存储和计算分析等。这些服务可以是与软件、网络有关的服务，也可以是其他服务。

网络服务提供者可以为用户配备特定的服务，并且实现按需付费的模式。通过这种方式，用户对新服务的需求不再需要漫长的等待，而是即刻享用。

（二）云计算的原理

云计算是效用计算（Utility Computing）、虚拟化（Virtualization）、基础设施即服务（Infrastructure-as-a-Service，IaaS）、软件即服务（Software-as-a-Service，SaaS）、平台即服务（Platform-as-a-Service，PaaS）等概念的混合和发展，它使网络服务提供者能够在数秒内处理数千万甚至数以亿计的信息，提供与“超级计算机”同样有效的网络服务。

云计算原理架构如图 4.1 所示。系统资源层包括操作系统、数据库、中间件和计算设备等；云计算服务层含有三类，即 IaaS、PaaS 和 SaaS。在 IaaS 中，资源管理又被虚拟化为计算资源池、存储资源池和网络资源池，用户通过因特网便可从十分完善的计算机基础设施中获得所需的服务。通过网络，可以向用户提供计算机（物理机和虚拟机）、存储空间、网络连接、负载均衡和防火墙等基本计算资源。IaaS 的最大的优势是，允许用户动态申请或释放节点，并按使用量来计费，用户在此基础上部署和运行各种软件，包括操作系统和应用程序。PaaS 提供一种开发环境服务，它以服务的形式将部署平台及应用程序开发提供给第三方的开发人员。

这种平台一般包含中间件、数据库和软件开发工具（软件设计、软件开发、软件测试和软件发布）等内容，并以 SaaS 模式通过互联网提交给用户。所提供的应用和服务均来自服务器集群，用户智能终端所需的应用、数据、存储和计算都由后台的服务器集群来完成与提供。PaaS 的出现加快了 SaaS 的发展，尤其是加快了 SaaS 应用的开发速度。平台通常包括操作系统、编程语言的运行环境、数据库和 Web 服务器，用户在该平台上部署和运行自己的应用。用户不能管理和控制底层的基础设施，只能控制自己部署的应用。

图 4.1　云计算原理架构

SaaS 通过因特网提供软件模式，在这种模式下，用户无须购买软件，只需向服务提供商租用所需的基于 Web 的软件来管理企业的经营活动，服务提供商在云端安装和运行应用软件，云用户通过云客户端（通常是 Web 浏览器）使用软件，可以是市场营销管理、邮件系统、企业门户、视频会议等内容。云用户不能管理应用软件运行的基础设施和平台，只能做有限的应用程序设置。

云架构的核心是应用，未来所有的应用要能同时在全球不同地方的不同智能终端和设备上显示。目前，根据提供应用的不同云，计算可以分为三类：① 像微软和 MSN 提供的在互联网上开放的云，称为公有云，即多个客户共用一个云服务提供商的 IT 资源，每个用户根据自己占用、消费 IT 资源的多少，向网络服务提供商、云服务提供商支付费用，适合于中小企业、微型企业、政府基层单位和个人用户：② 私有云，通常是政府和企业为了能够与政府各部门及客户互动和沟通而构建的，不对外开放，也不向外单位提供云计算服务，适合于大型企业、国家部委、省市一级政府，可以采用虚拟化等技术对传统计算中心、数据中心进行升级改造；③ 介于私有云和公有云之间的混合云，也称租用云，它是私有云和公有云的混合体。它的一部分资源公用，对外开放；一部分资源私用，不对外开放。

（三）云计算的特点

不管是哪种类型的云，云计算都有如下特点。

（1）超大规模。云具有相当大的规模，目前谷歌的云已拥有 100 多万台服务器，IBM、亚马逊、雅虎、微软等的云均拥有几十万台服务器。政府或企业的私有云一般拥有数十台甚至上百台服务器，因此云能赋予用户前所未有的超强计算能力。

（2）虚拟化。云计算支持用户在任意位置使用各种终端获取应用服务。请求的资源是云，而不是有形的、固定的实体。应用服务在云中的某处运行，但实际上用户无须知道，也无须担心执行服务的具体位置。

（3）高可靠性。云计算提供最可靠、最安全的数据存储中心，云使用计算节点同构可互换、数据多副本容错等措施来保障应用服务的高可靠性，用户不用再担心数据丢失、病毒入侵等麻烦。在测量服务中，云服务提供商控制和监控云服务的各个方面。这对计费、访问控制、资源优化配置、容量规划和其他任务来说是至关重要的。

（4）通用性与高可扩展性。云计算不针对特定的应用，而在云的基础上提供多种应用，同样的一个云也可支撑不同的应用，是实现城市大脑城市级信息互联互通和数据共享，消除信息孤岛最有效的手段和方法。同时，云的规模可以动态伸缩，满足应用和用户规模增长的需要。

（5）数据共享便捷且客户端需求低。云计算根据需求可伸缩地使用资源，轻松实现不同设备间的数据与应用共享。在云计算的网络应用模式下，只有一个数据副本保存在云的另一端。所有电子设备只需连接到互联网，就可在同一时间访问与使用相同的数据。云计算对用户终端设备的要求非常低，是最方便使用的。对于消费者来说，云似乎是无限的，消费者可以根据自己的需要购买计算能力资源。

（6）按需服务且极其廉价。云是一个巨大的资源池，支持按需应用。它可以像电、水和煤气一样计费和使用，即按需自助服务，这就意味着消费者可以根据需要使用云服务，而不需要与云服务提供商进行人机交互。由于云的特殊容错措施，极廉价的节点也可形成云；云的自动化集中式管理使大量企业或用户不需要承担越来越多的数据资源中心管理费用，与传统的系统相比，云的通用性使资源的利用率大大提高，因此用户可以充分享受云的低成本优势。

（7）可能无限多。云计算为存储和管理数据提供了几乎无限的空间，也为完成各种应用提供了几乎无限的强大计算能力。也就是说，无处不在的网络接入意味着用户可以通过网络获得云服务提供商的能力。例如，在驾车出游时，只需要用手机连接网络就能直接看到自己目前所在地区的卫星地图和实时的交通状况，快速查到自己预设的行车路线，同时还能邀请和查看网友推荐与评价附近的景区和最好的餐馆，将自己刚刚拍摄的照片或视频分享给远方的亲友等，因此云计算为使用网络提供了几乎无限多的可能。

在城市大脑建设中，云计算在海量数据处理与存储、城市大脑运营模式与服务模式等方面具有重要作用，它不仅能支撑城市大脑的高效运转，提高城市管理服务能力，而且将不断创新服务模式，促进城市大脑快速、健康地发展。

二、云计算架构

云计算架构如图 4.2 所示，它由资源层、平台层、应用层、用户访问层和管理层组成，本质是通过网络来提供应用服务，以服务为核心。

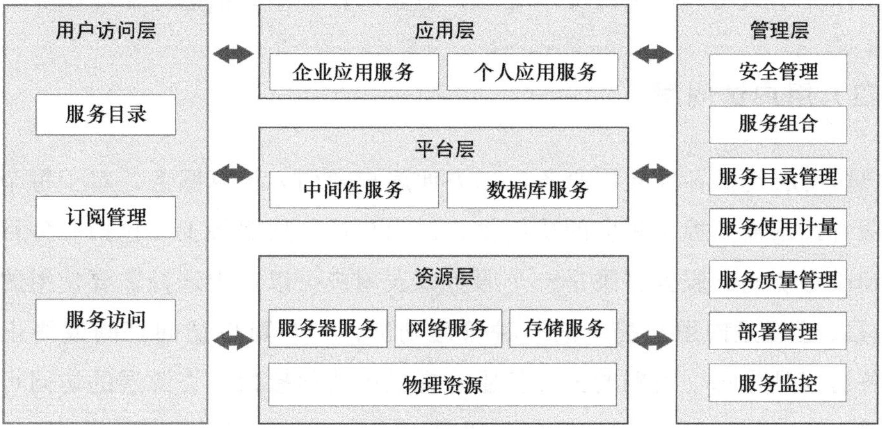

图 4.2　云计算架构

（一）资源层

资源层是指基础架构层面的云计算服务，它可以提供虚拟化的资源，隐藏物理资源的复杂性。资源层主要包括服务器服务、物理资源、存储服务和网络服务。服务器服务是指操作系统的环境，如 Linux 集群等；物理资源是指物理设备，如服务器等；存储服务为用户提供存储能力；网络服务是指网络处理能力，如虚拟局域网（Virtual Local Area Network，VLAN）、防火墙、负载等。

（二）平台层

平台层为用户提供资源层服务的封装，让用户构建自己的应用。平台层主要包括中间件服务和数据库服务。中间件服务为用户提供可扩展的服务，如消息中间件或事务处理中间件。数据库服务提供可伸缩的数据库处理功能。

（三）应用层

应用层提供软件服务，主要包括企业应用服务和个人应用服务。企业应用服务是指面向企业用户的服务，如客户关系管理、财务管理、商业智能等服务。个人应用服务是指为个人用户提供的文本处理、电子邮件、个人信息存储等服务。

（四）用户访问层

用户访问层提供各种支持服务，以方便用户使用云计算服务。对于每个级别的云计算服务，都需要提供相应的访问接口。用户访问层服务主要包括服务目录、订阅管理和服务访问。服务目录是一个服务列表用户可以从中选择需要使用的云计算服务。订阅管理是向用户提供的一种管理功能，用户可以访问订阅或终止订阅服务。服务访问是为每个级别的云计算服务提供的访问接口。资源层的访问可以是远程桌面或 X window，应用层的访问可以是 Web。

（五）管理层

管理层为所有级别的云计算服务提供管理功能，主要包括安全管理、服务组合、服务目录管理、服务使用计量、服务质量管理、部署管理和服务监控。安全管理提供服务的授权控制、用户认证、审核、一致性检查等功能。服务组合提供组合现有云计算服务的功能，用户可以在现有服务的基础上创建新服务。服务目录管理提供服务目录和服务本身的管理功能。管理员可以添加新服务或从服务目录中删除服务。服务使用计量来统计用户的使用情况，并基于此来向用户收费。服务质量管理提供对服务性能、可靠性和可伸缩性的管理。部署管理提供服务实例的自动部署和配置。当用户通过订阅管理添加新的服务订阅时，部署管理模块将自动为用户准备服务实例。服务监控提供服务的健康状态记录。

三、云计算在城市大脑中的运用

（一）云计算是城市大脑的支撑平台

城市大脑是由多应用、多行业、复杂系统组成的综合体。云计算是城市大脑的支撑平台，城市大脑从 2016 年发展之初，即对各种场景提出了需求，场景的实现基于多个应用系统之间存在信息共享、交互的需求。各应用系统需要频繁地对海量数据进行查询、计算、处理、分析等。云计算平台以其空前强大的数据分析计算能力，为城市大脑赋能，并且成为核心的支撑平台，可以全面协调城市生活的各个方面，实现对城市中海量数据的计算与存储，提高城市中各种资源的利用率，节约智慧城市的建造成本。

（二）有利于整合城市的信息资源

城市中的各个领域之间是相互依赖的，是一种网状关系。城市大脑的建设需要充分了解、发挥城市中的现有信息数据，分析城市大脑各个业务场景中的网状关系。城市大脑将接入城市中枢的数据信息存储在云端，能够全面整合城市的信息资源。城市大脑需要各方协力推进，更需要注重整合相关的信息资源。城市大脑建设要高度重视信息的挖掘、整合与再应用。云计算作为一种新兴的计算模式，其重要功能就是整合资源，为应用提供强大的支撑，使信息能够全方位地共享，为预测和决策提供有力的智慧参考，进而提升政府的行政能力。

（三）降低信息共享成本

云计算的突出特点是实现了资源共享。采用云计算方案构建的城市大脑将提高城市基础资源的利用率，有效地降低城市基础设施的投资规模。此外，云计算还可以有效地节省能源，设备资源在夜间负载低时，可将业务转移到部分物理资源上，而将其他空闲的物理资源关闭或转入节能模式。云计算数据中心通过集中的资源管理，降低了日常维护工作量，大量的工作都转移到后台由专业人员完成，能够降低管理维护成本，提高管理效率。云计算数据中心通过资源整合、统一管理，可以有效地降低信息资源共享的成本，降低信息化的门槛，使更多的单位和企业走进信息化时代，提高工作效率。

第二节　大数据技术

一、概述

随着云时代的到来，大数据受到越来越多的关注。大数据（Big Data），即巨量资料，是指涉及的数据规模庞大，无法由目前的主流软件工具在合理的时间内检索、管理、处理和整理，因而无法帮助城市大脑进行商业决策。城市的数据纷繁复杂，分布在各个部门、企业和机构。大数据概念示意图如图 4.3 所示。

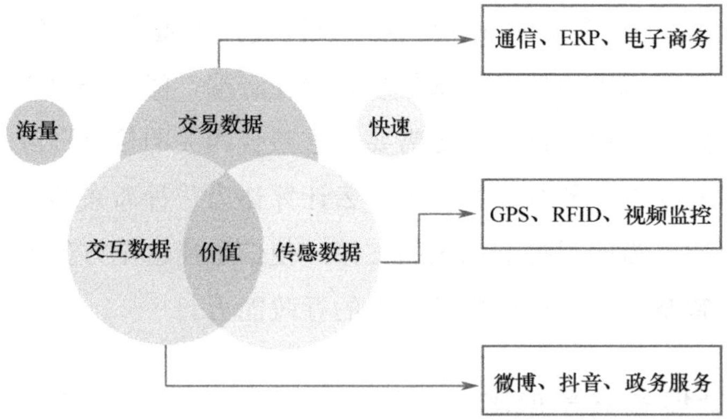

图 4.3　大数据概念示意图

大数据是指传统软件工具在一定的时间内无法采集、管理和处理的数据集合。随着城市信息化建设的发展，许多政府部门和企业积累了大量的数据资源。利用大数据技术对这些数据资源进行处理、分析和挖掘，为政府部门提供行政管理和公共服务，提高企业的生产经营管理水平，将庞大的数据资源转化为巨大的社会财富，迫在眉睫。大数据分为大数据技术、大数据工程、大数据科学和大数据应用等。大数据工程是指大数据规划、建设、运营和管理的系统工程；大数据科学的研究重点是发现和验证大数据在大数据网络发展与运行过程中的规律及其与自然和社会活动的关系。大数据技术和大数据应用将更加普及。

二、大数据的特征

大数据有 4 个级别的通用特征，可用 4 个 V 来表示。

（1）Volume（体积）。巨大的数据量，即从 TB 水平到 PB 水平。

（2）Variety（品种）。各种各样的数据类型。例如，网络日志、视频、图片、地理位置信息等，多种类型的数据对数据处理能力提出了更高的要求。

（3）Value（价值）。价值密度低和高的商业价值。随着物联网的广泛应用，信息感知无处不在，信息海量，但价值密度较低。如何通过强大的机器算法更快地完成数据的价值“净化”是大数据时代亟待解决的问题。对于视频来说，在连续监控的过程中，只有一两个数据可能是有用的。

（4）Velocity（速度）。处理速度快，即高时效性要求。这是大数据区别于传统数据挖掘的最显著特征。现有的技术架构和路由已经无法高效地处理如此庞大的数据量，但对于相关组织来说，如果花费巨资收集的信息不能得到及时有效的处理和反馈，那么就会形成浪费。可以说大数据时代给人类的数据控制能力带来了新的挑战，也为人们获得更深刻、更全面的洞察能力提供了前所未有的空间与潜力。

三、核心技术

随着城市信息化建设的不断深入，城市累积了海量的数据。与此同时，传统的数据库在对如此海量的数据进行转存、管理和处理时显得力不从心。而城市大脑通过使用大数据处理技术，实现了不同应用之间的数据采集、交互、共享、分析等。那么大数据技术的核心技术是什么呢？

大数据技术的体系庞大且复杂，基础技术包含数据采集、数据预处理、分布式存储、NoSQL数据库、数据仓库、机器学习、并行计算、可视化等。目前，大数据领域每年都会涌现出大量新技术，成为大数据采集、存储、处理分析或可视化的有效手段。大数据技术能够将大规模数据中隐藏的信息和知识挖掘出来，为人类社会经济活动提供依据，提高各个领域的运行效率，甚至提高整个社会经济的集约化程度。

下面按照大数据的工作环节即大数据采集与预处理、大数据存储和管理、大数据分析和可视化，简述现阶段所用的核心技术。

（一）大数据采集与预处理

对于各种来源的数据，包括移动互联网数据、城市信息数据等，这些结构化和非结构化的海量数据是零散的，也就是所谓的数据孤岛，此时的这些数据并没有什么意义。数据采集是指将这些数据写入数据仓库，整合零散的数据，并对整合后的数据进行分析。数据采集包括文件日志采集、数据库日志采集、关系型数据库接入和应用程序接入等。

实现数据采集与预处理的技术包括Flume NG、NDC、Logstash、Sqoop、Zookeeper等，如下所示。

（1）Flume NG。一个可靠、可用的分布式系统，能对不同数据源的海量日志数据进行高效收集、聚合、移动，最后存储到一个中心化的数据存储系统中。

（2）NDC。英文全名为Netease Data Canal，直译为网易数据运河，是网易公司提出的针对结构化数据库的数据实时迁移、同步和订阅的平台化解决方案。

（3）Logstash。一个应用程序日志、事件的传输、处理、管理和搜索平台。可用它来统一对应用程序日志进行收集管理，提供Web接口进行查询和统计。

（4）Sqoop。一个用来对Hadoop和关系型数据库中的数据进行相互转移的工具，可将一个关系型数据库（如MySQL、Oracle、Postgres等）中的数据导入Hadoop的HDFS，也可将HDFS的数据导入关系型数据库。

（5）Zookeeper。一个分布式的、开放源码的分布式应用程序协调服务，是 Chubby 的一个开源实现，也是 Hadoop 和 Hbase 的重要组件。Zookeeper 是一个为分布式应用提供一致性服务的软件，提供的功能包括配置维护、域名服务、分布式同步、组服务等。Zookeeper 的目标是封装复杂且易出错的关键服务，为用户提供简单易用的接口和性能高效、功能稳定的系统。

（二）大数据存储和管理

大数据存储和管理是指将收集的数据存储到存储器中，建立相应的数据库，进行管理并调用大数据挖掘，从大量不完整、有噪声、模糊和随机的实际应用数据中提取隐藏信息和知识的过程。实现大数据存储和管理的技术包括 Hadoop、HBase、Phoenix、Yarn、Mesos、Redis、Atlas、Kudu 等。

（1）Hadoop。一个能让用户轻松架构和使用的分布式计算平台。用户可轻松地在 Hadoop 上开发和运行处理海量数据的应用程序。Hadoop 的主要优点如下。

- 高可靠性。Hadoop 按位存储和处理数据的能力值得人们信赖。
- 高扩展性。Hadoop 是在可用的计算机集簇间分配数据并完成计算任务的，这些集簇可方便地扩展到数以千计的节点。
- 高效性。Hadoop 能够在节点之间动态地移动数据，保证各个节点的动态平衡，处理速度非常快。
- 高容错性。Hadoop 能够自动保存数据的多个副本，并且能够自动地重新分配失败的任务。
- 低成本。与一体机、商用数据仓库及 QlikView、Yonghong Z-Suite 等数据集市相比，Hadoop 是开源的，项目的软件成本大大降低。

（2）HBase。一个高可靠性、高性能、面向列、可伸缩的分布式存储系统，利用 HBase 技术可在廉价 PC Server 上搭建大规模结构化存储集群。

（3）Phoenix。构建在 HBase 上的一个 SQL 层，能让我们用标准的 JDBC API 而非 HBase 客户端 API 来创建表、插入数据及对 HBase 数据进行查询。Phoenix 完全使用 Java 编写，是 HBase 内嵌的 JDBC 驱动。Phoenix 查询引擎可将 SQL 查询转换为一个或多个 HBase 扫描，生成标准的 JDBC 结果集。直接使用 HBase API、协同处理器与自定义过滤器，对于简单查询来说，其性能量级是毫秒级，对于百万级别的行数来说，其性能量级是秒级。

（4）Yarn。一种新的 Hadoop 资源管理器。Yarn 是一个通用资源管理系统，可为上层应用提供统一的资源管理和调度，它的引入为集群在利用率、资源统一管理和数据共享等方面带来了巨大的好处。

（5）Mesos。一款开源的集群管理软件，支持 Hadoop、ElasticSearch、Spark、Storm 和 Kafka 等应用架构。

（6）Redis。一个密钥值存储系统。类似于 Memcached，它支持存储的值的类型相对更多，包括字符串、链表、集合、有序集合和哈希等。这些数据类型支持 push/pop、add/remove、集合操作等，而且这些操作都是原子性的。Redis 支持各种不同方式的排序。类似于 Memcached，为保证效率，数据都缓存在内存中。区别是 Redis 会周期性地将更新的数据写入磁盘，或将修改操作写入追加的记录文件，实现了主从同步。

（7）Atlas。一个位于应用与 MySQL 之间的中间件。在后端数据库看来，Atlas 相当于连接它的客户端；在前端应用看来，Atlas 相当于一个数据库。Atlas 作为服务端与应用通信，实现了 MySQL 的客户端和服务端协议，同时作为客户端与 MySQL 通信。它对应用屏蔽了数据库的细节，同时为降低 MySQL 的负担，维护了连接池。Atlas 启动后会创建多个线程，其中一个是主线程，其他线程是工作线程。主线程负责监听所有客户端的连接请求，工作线程只监听主线程的命令请求。

（三）大数据分析和可视化

1. 大数据分析

数据查询分析技术利用分布式并行编程模型和计算框架，结合机器学习和数据挖掘算法，实现对海量数据的处理和分析，对分析结果进行可视化呈现，帮助人们更好地理解数据、分析数据。实现技术包括 Hive、Impala、Spark、Nutch、Solr、ElasticSearch 等。

（1）Hive。基于 Hadoop 构建的一套数据仓库分析系统，它提供丰富的 SQL 查询方式来分析存储在 Hadoop 分布式文件系统中的数据；可以将结构化的数据文件映射为一个数据库表，并提供完整的 SQL 查询功能；可以将 SQL 语句转换为 MapReduce 任务运行，通过自己的 SQL 查询分析需要的内容，这套 SQL 简称为 Hive SQL，不熟悉 Mapreduce 的用户可以方便地利用 SQL 语言查询、汇总和分析数据。

（2）Impala。对 Hive 的一个补充，可以实现高效的 SQL 查询。使用 Impala 可实现 SQL on Hadoop，以便进行大数据的实时查询分析。它通过熟悉的传统关系型数据库的 SQL 风格来操作大数据，同时数据也可以存储到 HDFS 和 HBase 中。Impala 不再使用缓慢的 Hive + MapReduce 批处理，而使用与商用并行关系数据库中类似的分布式查询引擎（包括 Query Planner、Query Coordinator 和 Query Exec Engine），可以直接从 HDFS 或 HBase 中用 SELECT、JOIN 和统计函数查询数据，大大降低了延迟。

（3）Spark。加州大学伯克利分校 AMP 实验室推出的开源通用并行框架，它类似于 Hadoop MapReduce，并且拥有 Hadoop MapReduce 的所有优点，不同之处是 Job 中间输出结果可以保存在内存中，不再需要读写 HDFS，因此更适用于数据挖掘与机器学习等需要迭代 MapReduce 的算法。

（4）Nutch。一个使用 Java 实现的开源搜索引擎。它提供了用户运行搜索引擎所需的全部工具，包括全文搜索和 Web 爬虫。

（5）Solr。一个采用 Java 开发的基于 Lucene 的高性能全文搜索服务器，同时对其进行了扩展，提供了比 Lucene 更丰富的查询语言，并且对查询性能进行了优化，提供了完善的功能管理界面，是一款非常优秀的搜索服务器。

（6）ElasticSearch：一个分布式的、高扩展的、高实时的搜索与数据分析引擎。它能方便地搜索、分析大量数据。充分利用其水平伸缩性，可使数据在生产环境中变得更有价值。ElasticSearch 的实现原理如下：用户首先将数据提交给 ElasticSearch 数据库，然后数据库通过分词控制器对对应的语句分词，并将权重和分词结果一并存入数据，用户搜索数据时根据权重对结果排名、打分，最后将结果返回给用户。

2．数据可视化

对接一些 BI 平台，将分析得到的数据可视化，指导决策服务。主流的 BI 平台包括 Tableau、Qlikview、PowrerBI 等，在大数据分析应用过程中，可视化和可视化分析可通过交互的视觉性能帮助人们探索和理解复杂的数据，快速、有效地简化和细化数据流，帮助用户交互、过滤大量数据，以便用户更快、更好地从复杂的数据中获得新发现。

（1）Tableau。一个帮助人们查看并理解数据的应用，可以帮助任何人快速分析、可视化和分享信息。

（2）Qlikview。一个商业分析软件，可让开发者和分析者构建和部署强大的分析应用。

（3）PowrerBI。一个平台性产品，它通过数据视图管理、数据转换管理、OLAP 数据库管理、多维报表设计、即席报表设计等一系列功能，快速帮助企业 IT 人员在现有信息系统的基础上，构建多维分析模型，制作即席报表、制作分析报告，发布管理驾驶舱等应用。

四、大数据在城市大脑中的运用

城市离不开水、电、气、路，它们无限交织。大数据是城市大脑的核心，为城市运转提供源源不断的资源。今天，大数据资源成了城市最重要的资源，有效运用数据可以实现城市的科学治理和智慧决策。大数据对于城市大脑有如下作用。

（1）感知城市脉搏。城市大脑可以通过广泛的数据采集系统，对城市运行核心系统的各项关键数据进行采集和呈现，涉及领域包括交通、文旅、健康、城市管理、公共安全、环境保护、基础设施等。许多信息通过 5G 和物联网方式采集并接入中枢系统。城市大脑可以感知城市的脉搏，时时刻刻了解城市的动态。

（2）沉淀城市经验。城市大脑通过打通各个行业的数据，包括警务、交通、文旅、健康、城市管理、公共安全、环境保护等行业，为整个城市的经营管理决策提供服务。数据的累积过程是城市经验沉淀的过程，城市大脑的基础是海量数据的集成，接入的系统和平台越多，信息数据越多，城市大脑就越聪明，规模效应就越明显。

（3）驱动城市思考。数据沉淀到一定程度后，通过中枢系统的算法库，就可不断地发现新的规律和新的问题，并以此为导向，驱动场景化的问题解决和疏导，通过前端的数字驾驶舱让城市的管理者更加清晰明了，不断地推动城市治理体系和治理能力现代化，使民生服务更到位、城市环境更友好、经济运行更合理、行政管理更高效。

第三节 人工智能

一、概述

人工智能是指研究人类智能活动的规律，构造具有一定智能的拟人信息系统，研究如何让计算机去完成以往需要人的智力才能胜任的工作，即研究如何应用计算机的软/硬件来模拟人类某些智能行为的基本理论、方法和技术。

人工智能基于传感器、芯片、行业数据、数据服务、生物识别、云计算等，集合计算机科学、逻辑学、生物学、心理学和哲学等众多学科，在语音识别、图像处理、自然语言处理、自动定理证明及智能机器人、智慧城市、智慧生活等应用领域取得了显著成果。人工智能在社会发展中扮演着不可或缺的角色。人工智能在提升劳动效率、降低劳动成本、优化人力资源结构及创造新的工作岗位需求方面带来了革命性的成果。人工智能的出现为疲软的全球经济提供了新动力，提升了全球GDP的增长速度。

人工智能规模发展迅速。截至2018年，中国人工智能市场规模已达238.2亿元。人工智能的产生已为人类创造出很大的经济效益，正在惠及人们生活的方方面面，同时无人驾驶、人工智能医疗及语音识别等为人类的生活提供了便利。人工智能的出现取代了很多传统岗位，同时创造了很多新的岗位。

二、发展历史

人工智能的雏形出现于1955年。在一次学习机器讨论会上，著名科学家艾伦·纽厄尔和奥利弗·塞弗里奇分别提出了下棋与计算机模式识别的研究。在次年的达特茅斯会议上，提出了人工智能一词，并确定了人工智能最初的发展路线与发展目标。之后，阿瑟·塞缪尔提出了机器学习理论，并且根据这一理论编写了能够与人类进行对弈的西洋跳棋程序，1962 年该程序战胜了美国的西洋跳棋大师。

20 世纪 70 年代中叶，符号学派走向低谷，以仿生学为基础的研究学派逐渐火热。神经网络由于 BP（误差反向传播）算法的广泛应用获得了高速发展。在大环境下，专家系统的大量使用使得工业界节约了大量成本，提升了产业效益。例如，价值上亿的矿藏由 Prospector 专家系统成功地分析得出。此后，人们开始尝试研究通用的人工智能程序，但遇到了严重阻碍而陷入停滞。人工智能又一次步入低谷。

1997 年，“深蓝”的成功让人工智能的发展又提上日程。随着算力的增加，人工智能的瓶颈被打破，为基于大数据的深度学习与增强学习提供了发展的可能。GPU 不断发展，与此同时定制化处理器的研制成功使得算力不断提升，这为人工智能的爆发提供了基础。在无人驾驶领域，北京地平线信息技术有限公司发布了一款嵌入式视觉芯片，主要针对无人驾驶汽车领域。阿里投资千亿元成立了“达摩院”，在机器学习等方面开展研究并进行产品开发。人工智能步入了快速发展期。

图 4.4 中显示了人工智能发展历史。如图所示，人工智能自出现以来经历了两次低谷和三次浪潮，现在正处于人工智能的第三次浪潮。人工智能正在快速发展，为生产力的提升提供变革的动力。

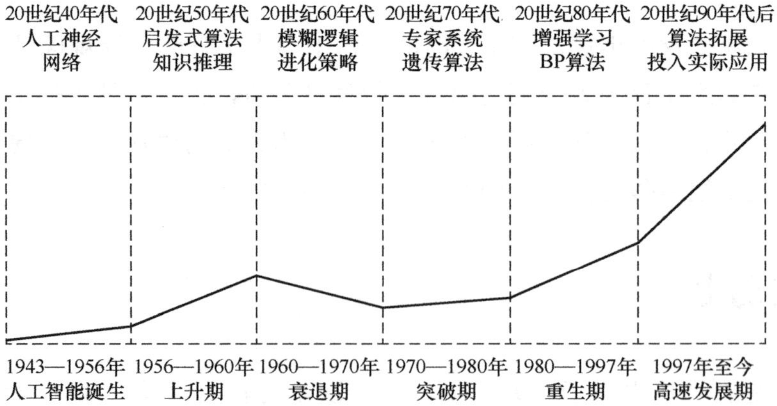

图 4.4　人工智能发展历史

三、技术领域

人工智能涉及诸多学科，其核心技术领域包括以下几个方面。

（一）机器学习

机器学习（Machine Learning）是一门涉及统计学、系统辨识、逼近理论、神经网络、优化理论、计算机科学、脑科学等诸多领域的交叉学科，它研究计算机怎样模拟或实现人类的学习行为，以获取新的知识或技能，重新组织已有的知识结构，使之不断改善自身的性能，是人工智能技术的核心。基于数据的机器学习是现代智能技术中的重要方法之一，其研究从观测数据（样本）出发寻找规律，并利用这些规律对未来的数据或无法观测的数据进行预测。根据学习模式、学习方法和算法的不同，机器学习存在不同的分类方法。

1．按学习模式分类

按学习模式，可将机器学习分为监督学习、无监督学习和强化学习等。

监督学习利用已标记的有限训练数据集，通过某种学习策略/方法建立一个模型，实现对新数据/实例的标记（分类）/映射。典型的监督学习算法包括回归和分类。监督学习要求训练样本的分类标签已知，分类标签精确度越高，样本越具有代表性，学习模型的准确度越高。监督学习在自然语言处理、信息检索、文本挖掘、手写体辨识、垃圾邮件侦测等领域获得了广泛应用。

无监督学习利用无标记的有限数据描述隐藏在未标记数据中的结构/规律，典型的非监督学习算法包括单类密度估计、单类数据降维、聚类等。无监督学习不需要训练样本和人工标注数据，便于压缩数据存储、减少计算量、提升算法速度，还可以避免正、负样本偏移引起的分类错误问题，主要用于经济预测、异常检测、数据挖掘、图像处理、模式识别等领域，如组织大型计算机集群、社交网络分析、市场分割、天文数据分析等。

强化学习是智能系统从环境到行为映射的学习，可使强化信号函数值最大。由于外部环境提供的信息很少，强化学习系统必须靠自身的经历进行学习。强化学习的目标是学习从环境状态到行为的映射，让智能体选择的行为能够获得环境最大的奖赏，使得外部环境对学习系统在某种意义下的评价最佳。它在机器人控制、无人驾驶、下棋、工业控制等领域获得了成功应用。

2. 按学习方法分类

按学习方法，可将机器学习分为传统机器学习和深度学习。

传统机器学习从一些观测（训练）样本出发，建立特征方程，拟合出相应的运行模式，试图发现不能通过原理分析获得的规律，实现对未来数据行为或趋势的准确预测。相关算法包括逻辑斯蒂回归、隐马尔科夫方法、支持向量机方法、*K* 近邻方法、三层人工神经网络方法、Adaboost 算法、贝叶斯方法和决策树方法等。

传统机器学习平衡了学习结果的有效性与学习模型的可解释性，为解决有限样本的学习问题提供了一种框架，主要用于有限样本情况下的模式分类、回归分析、概率密度估计等。传统机器学习方法共同的重要理论基础之一是统计学，在自然语言处理、语音识别、图像识别、信息检索和生物信息等许多计算机领域获得了广泛应用。

深度学习是建立深层结构模型的学习方法，典型的深度学习算法包括深度置信网络、卷积神经网络、受限玻尔兹曼机和循环神经网络等。深度学习又称深度神经网络（层数超过 3 层的神经网络）。作为机器学习研究中的一个新兴领域，深度学习由 Hinton 等人于 2006 年提出。深度学习源于多层神经网络，其实质是给出一种将特征表示和学习合二为一的方式。深度学习的特点是放弃了可解释性，单纯追求学习的有效性。经过多年的摸索和研究，已经产生了诸多深度神经网络的模型，其中卷积神经网络、循环神经网络是两类典型的模型。

卷积神经网络常被应用于空间性分布数据；循环神经网络在神经网络中引入了记忆和反馈，常被应用于时间性分布数据。深度学习框架是进行深度学习的底层框架，一般包含主流的神经网络算法模型，提供稳定的深度学习 API，支持训练模型在服务器和 GPU、TPU 间的分布式学习，部分框架还具有在包括移动设备、云平台在内的多种平台上运行的移植能力，从而为深度学习算法带来了前所未有的运行速度和实用性。目前，主流的开源算法框架有 TensorFlow、Caffe/Caffe2、CNTK、MXNet、Paddle-paddle、Torch/PyTorch、Theano 等。

3. 按算法分类

按算法，可将机器学习分为迁移学习、主动学习和演化学习等。

迁移学习是指在某些领域无法取得足够多的数据进行模型训练时，利用另一领域的数据获得的关系进行学习。迁移学习可把已训练好的模型参数迁移到新的模型中，以指导新模型训练，能够更有效地学习底层规则，减少数据量。目前，迁移学习技术主要在变量有限的小规模应用中使用，如基于传感器网络的定位、文字分类和图像分类等。未来，迁移学习将被广泛应用于解决更有挑战性的问题，如视频分类、社交网络分析、逻辑推理等。

主动学习通过一定的算法查询最有用的未标记样本，并交由专家进行标记，然后用查询到的样本训练分类模型来提高模型的精度。主动学习能够选择性地获取知识，通过较少的训练样本获得高性能的模型，最常用的策略是通过不确定性准则和差异性准则选取有效的样本。

演化学习对优化问题性质的要求极少，能够评估解的好坏即可，适用于求解复杂的优化问题，也能直接用于多目标优化。演化算法包括粒子群优化算法、多目标演化算法等。目前，针对演化学习的研究主要集中于演化数据聚类、对演化数据更有效的分类，以及提供某种自适应机制以确定演化机制的影响等。

（二）知识图谱

知识图谱本质上是结构化的语义知识库，是一种由节点和边组成的图数据结构，以符号形式描述物理世界中的概念及其相互关系，基本组成单位是“实体-关系-实体”三元组，以及实体及其相关“属性-值”对。不同实体之间通过关系相互连接，构成网状的知识结构。在知识图谱中，每个节点表示现实世界的“实体”，每条边为实体与实体之间的“关系”。通俗地讲，知识图谱就是把所有不同种类的信息连接在一起而得到的一个关系网络，提供了从“关系”的角度去分析问题的能力。

知识图谱可用于反欺诈、不一致性验证、组团欺诈等公共安全保障领域，需要用到异常分析、静态分析、动态分析等数据挖掘方法。特别地，知识图谱在搜索引擎、可视化展示和精准营销方面有很大的优势，已成为业界的热门工具。但是，知识图谱的发展还有很大的挑战，如数据的噪声问题，即数据本身有错误或者数据存在冗余。随着知识图谱应用的不断深入，还有一系列关键技术需要突破。

（三）自然语言处理

自然语言处理是计算机科学领域与人工智能领域的一个重要方向，它研究在人与计算机之间用自然语言进行有效通信的各种理论和方法，涉及的领域较多，主要包括机器翻译、语义理解和问答系统。

1．机器翻译

机器翻译是指利用计算机技术实现从一种自然语言到另一种自然语言的翻译过程。基于统计的机器翻译方法突破了之前基于规则和实例翻译方法的局限性，翻译性能得到了巨大提升。基于深度神经网络的机器翻译在日常口语等场景的成功应用已经显现了巨大的潜力。随着上下文的语境表征和知识逻辑推理能力的发展，自然语言知识图谱不断扩充，机器翻译将在多轮对话翻译及篇章翻译等领域取得更大的进展。

目前，非限定领域机器翻译中性能较佳的一种是统计机器翻译，它包括训练和解码两个阶段。训练阶段的目标是获得模型参数，解码阶段的目标是利用所估计的参数和给定的优化目标，获取待翻译语句的最佳翻译结果。统计机器翻译的步骤主要包括语料预处理、词对齐、短语抽取、短语概率计算、最大熵调序等。

基于神经网络的端到端翻译方法不需要针对双语句子专门设计特征模型，只需直接将源语言句子的词串送入神经网络模型，经过神经网络的运算，得到目标语言句子的翻译结果。在基于端到端的机器翻译系统中，通常采用递归神经网络或卷积神经网络对句子进行表征建模，从海量训练数据中抽取语义信息，与基于短语的统计翻译相比，其翻译结果更加流畅自然，在实际应用中取得了较好的效果。

2. 语义理解

语义理解是指利用计算机技术实现对文本篇章的理解，并且回答与篇章相关问题的过程。语义理解更注重对上下文的理解及对答案精准程度的把控。随着 MCTest 数据集的发布，语义理解受到了更多的关注，取得了快速发展，相关数据集和对应的神经网络模型层出不穷。语义理解技术将在智能客服、产品自动问答等领域发挥重要作用，进一步提高问答与对话系统的精度。

在数据采集方面，语义理解通过自动构造数据的方法和自动构造填空型问题的方法来有效扩充数据资源。为了解决填充型问题，一些基于深度学习的方法相继提出，如基于注意力的神经网络方法。当前，主流的模型利用神经网络技术对篇章、问题建模，对答案的开始和终止位置进行预测，抽取篇章片段。对于泛化的答案，处理难度进一步提升，目前的语义理解技术仍有较大的提升空间。

3. 问答系统

问答系统分为开放领域的对话系统和特定领域的问答系统，是指让计算机像人类一样用自然语言与人交流的技术。人们向问答系统提交用自然语言表达的问题，系统返回关联性较高的答案。尽管问答系统目前已经出现了不少应用，但大多是在实际信息服务系统和智能手机助手等领域中的应用，在鲁棒性方面仍然存在着问题和挑战。

自然语言处理面临着 4 大挑战。一是在词法、句法、语义、语用和语音等不同层面存在不确定性；二是新的词汇、术语、语义和语法导致了未知语言现象的不可预测性；三是数据资源的不充分使其难以覆盖复杂的语言现象；四是语义知识的模糊性和错综复杂的关联性难以用简单的数学模型描述，语义计算需要参数庞大的非线性计算。

（四）人机交互

人机交互主要研究人和计算机之间的信息交换，包括人到计算机的信息交换和计算机到人的信息交换，是人工智能领域的重要外围技术。人机交互是与认知心理学、人机工程学、多媒体技术、虚拟现实技术等密切相关的综合学科。

传统的人与计算机之间的信息交换主要依靠交互设备进行，交互设备主要包括键盘、鼠标、操纵杆、数据服装、眼动跟踪器、位置跟踪器、数据手套、压力笔等输入设备，以及打印机、绘图仪、显示器、头盔式显示器、音箱等输出设备。人机交互技术除了传统的基本交互和图形交互技术，还包括语音交互、情感交互、体感交互和脑机交互技术。下面介绍后四种与人工智能关联密切的典型交互手段。

1．语音交互

语音交互是一种高效的交互方式，是人以自然语音或机器合成语音与计算机进行交互的综合性技术，它结合了语言学、心理学、工程和计算机技术等领域的知识。语音交互不仅要对语音识别和语音合成进行研究，而且要对人在语音信道下的交互机理、行为方式等进行研究。语音交互过程包括 4 部分，即语音采集、语音识别、语义理解和语音合成。语音采集完成音频的录入、采样和编码；语音识别完成语音信息到机器可识别的文本信息的转化；语义理解根据语音识别转换后的文本字符或命令完成相应的操作；语音合成完成文本信息到声音信息的转换。

作为人类沟通和获取信息最自然的手段，语音交互比其他交互方式具备更多优势，能为人机交互带来根本性变革，是大数据和认知计算时代未来发展的制高点，具有广阔的发展前景和应用前景。

2．情感交互

情感是一种高层次的信息传递，而情感交互是一种交互状态，它在表达功能和信息时传递情感，勾起人们的记忆或内心的情愫。传统的人机交互无法理解和适应人的情绪或心境，缺乏情感理解和表达能力，计算机难以具有类似于人的智能，也难以通过人机交互做到真正的和谐与自然。情感交互就是要赋予计算机类似于人的观察、理解和生成各种情感的能力，最终使计算机像人一样进行自然、亲切和生动的交互。情感交互已成为人工智能领域中的热点方向，旨在让人机交互变得更加自然。目前，在情感交互信息的处理方式、情感描述方式、情感数据获取和处理过程、情感表达方式等方面还有诸多技术挑战。

3. 体感交互

体感交互是指个体不需要借助任何复杂的控制系统，而以体感技术为基础，直接通过肢体动作与周边数字设备装置和环境进行的自然交互。依照体感方式与原理的不同，体感技术主要分为三类：惯性感测、光学感测和光学联合感测。体感交互通常由运动追踪、手势识别、运动捕捉、面部表情识别等一系列技术支撑。与其他交互手段相比，体感交互技术无论是在硬件方面还是在软件方面都有较大的提升，交互设备正在向小型化、便携化、使用方便化等方面发展，大大降低了对用户的约束，使得交互过程更加自然。目前，体感交互在游戏娱乐、医疗辅助与康复、全自动三维建模、辅助购物、眼动仪等领域有了较为广泛的应用。

4. 脑机交互

脑机交互又称脑机接口，是指不依赖于外围神经和肌肉等神经通道，直接实现大脑与外界信息传递的通路。脑机接口系统检测中枢神经系统活动，将其转化为人工输出指令，能够替代、修复、增强、补充或改善中枢神经系统的正常输出，从而改变中枢神经系统与内外环境之间的交互作用。脑机交互通过对神经信号解码，实现脑信号到机器指令的转化，一般包括信号采集、特征提取和命令输出三个模块。从脑电信号采集的角度来看，一般将脑机接口分为侵入式和非侵入式两大类。此外，脑机接口还有其他常见的分类方式：按照信号传输方向可分为脑到机、机到脑和脑机双向接口；按照信号生成的类型可分为自发式脑机接口和诱发式脑机接口；按照信号源的不同可分为基于脑电的脑机接口、基于功能性核磁共振的脑机接口及基于近红外光谱分析的脑机接口。

（五）计算机视觉

计算机视觉是使用计算机模仿人类视觉系统的科学，可让计算机拥有类似于人类提取、处理、理解和分析图像及图像序列的能力。自动驾驶、机器人、智能医疗等领域均需要通过计算机视觉技术从视觉信号中提取并处理信息。近年来，随着深度学习的发展，预处理、特征提取与算法处理渐渐融合，形成了端到端的人工智能算法技术。根据解决的问题，计算机视觉可分为计算成像学、图像理解、三维视觉、动态视觉和视频编解码五大类。

1. 计算成像学

计算成像学是探索人眼结构、相机成像原理及其延伸应用的科学。在相机成像原理方面，计算成像学不断完善现有的可见光相机，使得现代相机更加轻便，可以适用于不同场景。同时计算成像学也推动着新型相机的产生，使相机超出可见光的限制。在相机应用科学方面，计算成像学可以提升相机的能力，从而通过后续的算法处理使得受限条件下拍摄的图像更加完善（如图像去噪、去模糊、暗光增强、去雾霾等），并且实现新的功能（如全景图、软件虚化、超分辨率）等。

2. 图像理解

图像理解是用计算机系统解释图像，实现类似人类视觉系统来理解外部世界的一门科学。根据理解信息的抽象程度，图像理解通常分为三个层次：浅层理解，包括图像边缘、图像特征点、纹理元素等；中层理解，包括物体边界、区域与平面等；高层理解，根据需要抽取的高层语义信息，可大致分为识别、检测、分割、姿态估计、图像文字说明等。目前高层图像理解算法已逐渐应用于人工智能系统，如刷脸支付、智慧安防、图像搜索等。

3. 三维视觉

三维视觉是研究如何通过视觉获取三维信息（三维重建）及如何理解所获取三

维信息的科学。根据重建的信息来源，三维重建可以分为单目图像重建、多目图像重建和深度图像重建等。三维信息理解是指使用三维信息辅助图像理解，或者直接理解三维信息。三维信息理解可分为如下三个层次：浅层，如角点、边缘、法向量等；中层，如平面、立方体等；高层，如物体检测、识别、分割等。三维视觉技术已广泛用于机器人、无人驾驶、智慧工厂、虚拟/增强现实等领域。

4．动态视觉

动态视觉是分析视频或图像序列，模拟人处理时序图像的科学。通常，动态视觉问题定义为寻找图像元素（如像素、区域、物体）在时序上的对应及提取其语义信息的问题。动态视觉研究被广泛应用于视频分析和人机交互等领域。

5．视频编解码

视频编解码是指通过特定的压缩技术，对视频流进行压缩。视频流传输中最重要的编解码标准有国际电联的 H.261、H.263、H.264、H.265、M-JPEG 和 MPEG 系列标准。视频压缩编码主要分为两大类：无损压缩和有损压缩。无损压缩是指全盘压缩后的数据进行重构时，重构后的数据与原来的数据完全相同，如磁盘文件的压缩。有损压缩也称不可逆编码，是指使用压缩后的数据进行重构时，重构后的数据与原来的数据有差异，但不会让人们对原始资料所表达的信息产生误解。有损压缩的应用范围广泛，如视频会议、可视电话、视频广播、视频监控等。

目前，计算机视觉技术发展迅速，已具备初步的产业规模。未来计算机视觉技术的发展主要面临以下挑战：一是如何在不同的应用领域和其他技术更好地结合，计算机视觉在解决某些问题时可以广泛利用大数据，已经逐渐成熟并且可以超过人类，而在某些问题上却无法达到很高的精度；二是如何降低计算机视觉算法的开发时间和人力成本，目前计算机视觉算法需要大量的数据与人工标注，需要较长的研发周期才能达到应用领域所要求的精度；三是如何加快新型算法的设计开发，随着新成像硬件与人工智能芯片的出现，针对不同芯片与数据采集设备的计算机视觉算法的设计与开发也是挑战之一。

（六）生物特征识别

生物特征识别是指通过个体生理特征或行为特征对个体身份进行识别认证。从应用流程看，生物特征识别通常分为注册和识别两个阶段。注册阶段通过传感器来采集人体的生物表征信息，如利用图像传感器采集指纹和人脸等光学信息，利用麦克风采集说话声等声学信息。利用数据预处理和特征提取技术对采集的数据进行处理，得到相应的特征并进行存储。识别阶段采用与注册阶段一致的信息采集方式对待识别人进行信息采集、数据预处理和特征提取，然后将提取的特征与存储的特征进行比对分析，完成识别。从应用任务看，生物特征识别一般分为辨认与确认两种任务，辨认是指从存储库中确定待识别人身份的过程，是一对多的问题；确认是指将待识别人信息与存储库中特定的单人信息进行比对来确定身份的过程，是一对一的问题。

生物特征识别技术涉及的内容十分广泛，包括指纹、掌纹、人脸、虹膜、指静脉、声纹、步态等多种生物特征，其识别过程涉及图像处理、计算机视觉、语音识别、机器学习等多项技术。目前生物特征识别作为重要的智能化身份认证技术，在金融、公共安全、教育、交通等领域得到了广泛应用。下面介绍指纹识别、人脸识别、虹膜识别、指静脉识别、声纹识别和步态识别技术。

1. 指纹识别

指纹识别通常包括数据采集、数据处理和分析判别。数据采集通过光、电、力、热等物理传感器获取指纹图像；数据处理包括预处理、畸变校正、特征提取三个过程；分析判别是对提取的特征进行分析判别的过程。

2. 人脸识别

人脸识别是典型的计算机视觉应用。从应用过程看，可将人脸识别技术划分为检测定位、面部特征提取和人脸确认三个过程。人脸识别技术的应用主要受光照、拍摄角度、图像遮挡、年龄等多个因素的影响，在约束条件下人脸识别技术相对成熟，在自由条件下人脸识别技术还在不断改进。

3．虹膜识别

虹膜识别的理论框架主要包括虹膜图像分割、虹膜区域归一化、特征提取和识别 4 部分，研究工作大多是基于此理论框架发展而来的。虹膜识别技术应用的主要难题包含传感器和光照影响：一方面，由于虹膜尺寸小且受黑色素遮挡，需要在近红外光源下采用高分辨图像传感器才可以清晰成像，所以对传感器质量和稳定性要求较高；另一方面，光照的强弱变化会使得瞳孔缩放，导致虹膜纹理产生复杂形变，增大了匹配的难度。

4．指静脉识别

指静脉识别是指利用人体静脉血管中的脱氧血红蛋白对特定波长范围内的近红外光具有很好吸收作用这一特性，采用近红外光对指静脉进行成像与识别的技术。由于指静脉血管分布的随机性很强，网络特征具有很好的唯一性，且属于人体内部特征，不受外界影响，因此模态特性十分稳定。指静脉识别技术应用面临的主要难题来自成像单元。

5．声纹识别

声纹识别是指根据待识别语音的声纹特征来识别说话人的技术。声纹识别技术通常可分为前端处理和建模分析两个阶段。声纹识别的过程是，将某段来自某人的语音经过特征提取后，与复合声纹模型库中的声纹模型匹配。常用的识别方法分为模板匹配法、概率模型法等。

6．步态识别

步态是远距离复杂场景下唯一可清晰成像的生物特征，步态识别是指通过体形和行走姿态来识别人的身份。相比上述几种生物特征识别，步态识别的技术难度更大，体现在其需要从视频中提取运动特征，需要更高要求的预处理算法，但步态识别具有远距离、跨角度、光照不敏感等优势。

（七）虚拟现实/增强现实

虚拟现实（VR）/增强现实（AR）是以计算机为核心的新型视听技术。这种技术结合相关科学技术，在一定范围内生成与真实环境在视觉、听觉、触感等方面高度近似的数字化环境。用户借助于必要的装备与数字化环境中的对象进行交互，相互影响，获得近似真实环境的感受和体验，这是通过显示设备、跟踪定位设备、触觉交互设备、数据获取设备、专用芯片等实现的。

从技术特征角度来看，虚拟现实/增强现实按照不同的处理阶段，可以分为获取与建模技术、分析与利用技术、交换与分发技术、展示与交互技术、技术标准与评价体系 5 个方面。获取与建模技术研究如何数字化与模型化物理世界或人类的创意，难点是三维物理世界的数字化和模型化技术；分析与利用技术重点研究对数字内容进行分析、理解、搜索和知识化的方法，难点是内容的语义表示和分析；交换与分发技术主要强调各种网络环境下大规模数字化内容流通、转换、集成和面向不同终端用户的个性化服务等，核心是开放的内容交换和版权管理技术；展示与交互技术重点研究符合人类习惯数字内容的各种显示技术及交互方法，以期提高人对复杂信息的认知能力，难点是建立自然和谐的人机交互环境；技术标准与评价体系重点研究虚拟现实/增强现实的基础资源、内容编目、信源编码等的规范标准及相应的评估技术。

目前，虚拟现实/增强现实面临的挑战主要体现在智能获取、普适设备、自由交互和感知融合 4 个方面。在硬件平台与装置、核心芯片与器件、软件平台与工具、相关标准与规范等方面存在一系列科学技术问题。总体来说，虚拟现实/增强现实呈现虚拟现实系统智能化、虚实环境对象无缝融合、自然交互全方位与舒适化的发展趋势。

四、人工智能在城市大脑中的运用

人工智能作为城市大脑的核心技术之一，在以杭州市为样本的城市大脑案例中得到了快速发展。城市大脑通过连接大量的城市数据，帮助城市经验沉淀、经验发现、自我学习。例如，城市大脑通过接管大量的信号灯路口，根据摄像头数据调节红绿灯资源，对道路和时间资源再次分配，大量减少了道路的通行时间。

车流量大、路网复杂、路面立体化是城市交通的主要特点。城市大脑通过一个普通的摄像头就能“读懂”车辆的运行状态和轨迹，同时实时分析来自交通、气象、公交等机构的海量交通数据。削峰填谷、避免阻塞，高效解决管理和服务中遇到的问题，这些都能通过人工智能达成。

治理交通拥堵只是城市大脑的第一步。今天的中国，每个城市都要拿出20%～25%的土地来修路，经过城市大脑的努力，可以帮助城市省下 5%的土地资源。这将为社会提供一笔巨大的财富，也会开启巨大的市场。下一步，城市大脑技术将对能源、供水等基础设施进行数据化处理，以节约更多的资源，实现城市的有效管理。

在其他方面，如公安安防、防疫溯源、公共服务智能问答、旅游资源安排、消费服务、虚拟教育等方面，城市大脑也有巨大的运用市场和价值。

第四节　区块链技术

区块链是信息技术领域的一个专业术语。实质上，它是一个共享数据库，其中存储的数据或信息具有“可以追溯”“全程留痕”“公开透明”“不可伪造”“集体维护”等特征。在这些特征的基础上，区块链技术奠定了十分坚实的“信任”基础，创造了十分可靠的“合作”机制，具有十分广阔的运用前景。

一、区块链的起源

区块链起源于比特币。2008 年 11 月 1 日，一名自称中本聪（Satoshi Nakamoto）的人发表了“比特币：一种点对点的电子现金系统”一文，该文阐述了基于 P2P 时间戳技术、加密技术、网络技术、区块链技术等的电子现金系统的框架概念，标志着比特币的诞生。两个月后，这一理论开始付诸实践。2009 年 1 月 3 日，第一个序列号为 0 的创世区块诞生。几天后的 2009 年 1 月 9 日，一个编号为 1 的区块出现，与编号为 0 的创世区块连接，形成了一条链，标志着区块链的诞生。

近年来，人们对比特币的态度一直起起落落，但作为比特币的底层技术之一，区块链技术受到了人们越来越多的关注。在比特币的形成过程中，区块是一个存储单元，它记录每个区块节点在一定时间内的所有通信信息。每个区块由随机哈希（也称哈希算法）链接。后一个区块包含前一个区块的哈希值。随着信息交换的扩展，各个区块依次连接，结果就称为区块链。

二、区块链的定义

什么是区块链？从科学技术的角度看，区块链涉及互联网、密码学、数学、计算机编程等诸多问题。从应用的角度看，区块链只是一种分布式共享账本和数据库，具有不可篡改、分散化、全程跟踪、集体维护、可追溯性、公开透明等特点。这些特点保证了区块链的“透明”和“诚实”，并为建立对区块链的信任奠定了基础。区块链丰富的应用场景基本基于区块链能够解决信息不对称问题，实现多主体之间的协作信任和协同行动。

区块链是点对点传输、分布式数据存储、加密算法、协商机制等计算机技术的一种新应用模式。区块链是比特币的一个重要概念。本质上它是一个分散的数据库。同时，作为比特币的底层技术，它是利用密码学方法生成的一系列数据块。每个数据块包含一批比特币网络交易信息，用于验证信息的有效性（防伪）并生成下一个区块。

作为核心技术自主创新的重要突破口，区块链的安全风险问题被视为当前制约行业健康发展的一大短板，频频发生的安全事件为业界敲响了警钟。拥抱区块链，需要加快探索建立适应区块链技术机制的安全保障体系。

三、区块链的类型

按照不同的角度，区块链可分为多种类型。按照开放程度，区块链可以分为三种类型，即公有区块链、联盟区块链和私有区块链。图 4.5 中显示了区块链的类型。

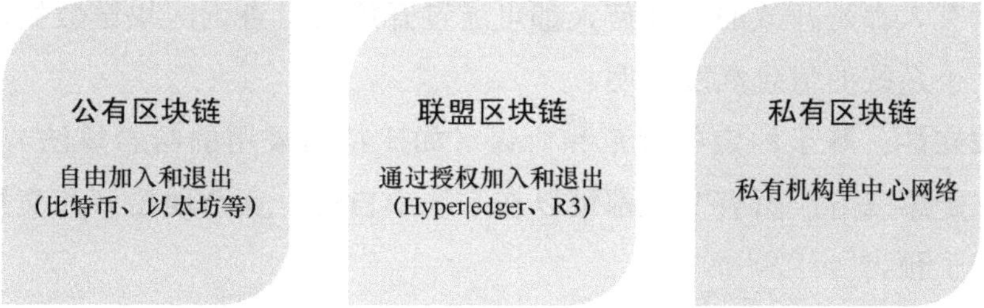

图 4.5　区块链的类型

（1）公有区块链（Public Block Chains）。世界上的任何个体和团体都可在此发起交易，且交易可以获得该区块链的有效确认，所以任何人都可参与达成共识的过程。最早的区块链是公有区块链，公有区块链也是应用最广泛的区块链，还是各大比特币系列的虚拟数字货币的基础，且世界上有且仅有唯一一条该币种对应的区块链。

（2）联盟（行业）区块链（Consortium Block Chains）。在每个组中，多个预先选择的节点被指定为记账人。每个区块的生成都由所有预选节点决定（预选节点参与达成共识的过程）。其他访问节点可以参与事务，而不用管簿记过程如何。任何人都可以通过区块链的开放 API 进行查询。

（3）私有区块链（Private Block Chains）。私有区块链的总账技术用于记账，公司或个人都有区块链的写入权限。私有区块链与其他分布式存储方案没有太大的区别。传统金融希望尝试私有区块链技术，且比特币等公共链的应用已经工业化。目前，私有链的应用产品还在探索之中。

四、区块链的特征

区块链具有如下几个特征。

（1）去中心化。区块链技术独立于额外的第三方管理机构或硬件设施，也没有中央控制。除了包含的区块链本身，每个节点还通过分布式记账和存储来实现信息的自管理、校验和传输。区块链最突出和最本质的特征是去中心化。

（2）开放性。区块链技术是开源的。除了交易各方的私有信息被加密，区块链的数据对所有人都是开放的。任何人都可通过开放接口查询区块链数据，开发相关的应用，整个系统的信息高度透明。

（3）独立性。基于约定的规范和协议（如比特币采用的哈希算法），整个区块链系统独立于第三方，所有节点都可以在系统中自动、安全地验证和交换数据，无须任何人工干预。

（4）安全性。如果不能控制所有数据节点的 51%，就不能任意操作和修改网络数据，这使得区块链本身相对安全，也避免了主观和人为的数据改变。

（5）匿名性。除非有法律规范要求，否则单从技术上讲，各区块节点的身份信息不需要公开或验证，信息传递可以匿名进行。

五、区块链在城市大脑中的运用

区块链在城市大脑中有巨大的应用价值。目前来看，区块链已经在公益、数据质量管理、资金往来记录等方面发挥了重要作用，未来会有更开阔的应用空间。从城市大脑的应用角度来看，对区块链主要有以下几方面的思考。

（1）在管理链方面的应用，如数据质量管理等。区块链对于流转过程中的信息留存有较大的作用，可以进行全过程溯源，对数据质量管理有积极的作用。

（2）在价值链提升方面的应用，如消费券等。区块链对于价值提升方面有着积极的作用。例如，消费券有代金券的作用，但又不尽相同，所以使用区块链可以进行消费券的推出及流通。

（3）在可信信息传递方面的作用，如公益基金等。区块链的信息不可篡改性决定了其在信用构建方面的作用。例如，对于老百姓诟病已久的公益事业，如果使用区块链确保信息的不可篡改性，那么就可大大提高公益基金的公信力。

区块链的用途还有许多，包括票据管理、税收管理、跨行业金融业务、防伪溯源等。当然，区块链的使用目前尚处于起步阶段，其未来的发展空间非常巨大。

第五节　其他技术

一、信息安全技术

信息安全是城市大脑高效稳定运行的基础，因此应确保城市信息安全与城市大脑建设同步规划和实施，营造健康安全的网络环境。

（一）概述

信息系统安全的最终目标是保证信息的保密性、完整性、可用性、可控性和不可抵赖性，以及信息系统主体（包括用户、群体、社会和国家）对信息资源的控制。保障信息系统的安全需要技术、组织和管理三个层面的支撑。

1. 技术层面

技术层面涉及的内容主要有以下三点。

（1）物理安全（物理层安全）。物理层安全包括通信线路、物理设备、计算机房等的安全，主要体现为通信线路的可靠性（网络管理软件、线路备份、传输介质）、硬件和软件的设备安全（拆除设备、更换设备、增加设备）、设备备份、预防灾难的能力、抗干扰、设备的操作环境（温度、湿度、烟雾和灰尘）、不间断电源支持等。

（2）网络安全（网络层安全）。网络层安全主要体现为网络安全，包括网络层身份认证、访问控制的网络资源、数据传输的保密性和完整性、安全的远程访问、域名系统安全、安全的路由系统、入侵检测、防病毒的网络设施等。

（3）应用安全（应用层安全）。主要包括提供服务所用的应用软件和数据的安全，包括 Web 服务、电子邮件系统、域名系统等。

2．组织层面

从组织层面上讲，机构、岗位、人事机构构成一个完整的体系。其中，机构的设置分为决策层、管理层和执行层；岗位是信息系统安全管理机构根据系统安全需要设置的负责一项或多项安全事务的职位；人事机构是按照管理机关规定的岗位，对在岗、候岗、离岗的员工进行素质教育、绩效考核和安全监督的机构。

3．管理层面

管理通常由法律管理、制度管理和培训管理组成。法律管理是指按照国家有关法律、法规来规范和限制主体与外界信息系统的相关行为；制度管理是指根据国家和集团系统的安全需求，按照制定的一系列内部规章制度对信息系统进行管理；培训管理是指对各岗位人员进行培训，是确保信息系统安全的前提。

（二）云数据隐私保护

在云计算环境中，最重要的特征之一是用户数据不再存储在本地，而是存储在云中。云中的敏感数据会带来隐私保护问题，许多云安全指南建议人们不要将敏感数据存储到云中。然而，这并不是长期的解决方案，因为它会抵消云计算的好处，阻碍云计算的进一步发展。因此，如何保护用户的隐私就成为一个热门的研究课题。从应用程序设计的角度来看，应该考虑隐私相关的设计原则，即在每周的云计算软件开发中都应该考虑隐私保护。

针对隐私保护，有学者提出了一种隐私保护的关键字查询方法，即采用一种带有关键字查询的公钥加密方法，如下所示：在 Bob 和 Alice 发送邮件的情境下，使用 Alice 提供的陷阱门，让第三方代理在不知道邮件内容的情况下，检测 Bob 发送给

Alice 的邮件中是否包含单词。该方法允许服务提供者部分参与内容解密并查询相关内容，但不获取全部明文，能在保护隐私的情况下减少客户端信息处理（加密/解密）的压力。

对加密数据的隐私保护查询也有特定的应用环境。例如，客户搜索云服务器的信息时，不希望服务器知道其 ID 或查询的内容。当然，云服务本身也不希望这种查询获知的是与查询无关的其他信息。这种特定的应用可视为一种强隐私保护场景。例如，为了调查和收集证据，警察查询某人的银行账户的特定信息，这称为安全匿名数据库查询。这种特定情况与前面提到的隐私保护的区别是，数据查询者的 ID 也需要对服务器保密，而且数据拥有者还必须阻止数据的非法使用。一些学者提出了一种针对这种情况的解决方案，即协议有两个查询路由器和索引服务器中间代理实体，其中索引服务器存储数据拥有者构建的加密查询结构，并且在不知道查询内容和任何底层数据库的条件下执行提交的查询；而查询路由器连接查询者和索引服务器，不会将任何查询者的 ID 暴露给其他实体。为了保护查询者的 ID 不被服务器探知，还定义了一种可重寻路加密协议，这种机制类似于代理加密和通用重加密，指的是允许一个不可信代理转换 Alice 加密的密文，使之能被 Bob 所用，且代理不会知道关于明文及 Alice 或 Bob 的密钥的任何信息。

二、地理信息系统

地理信息系统（Geographic Information System，GIS）是近年来迅速发展的一种时空信息分析技术，它在资源与环境应用领域中发挥着技术先导的作用。GIS 技术不仅可以有效地管理各种具有空间属性的资源和环境信息，而且可以快速、反复地分析和测试资源与环境管理的实践模式，在多个时期有效地监控、分析和比较资源、环境条件和生产活动的变化，将空间分析和决策过程整合为共同的信息流，提高工作效率和经济效益，为解决资源环境问题、确保可持续发展提供技术支持。地理信息系统是以地理空间为基础，采用地理模型分析方法，提供多种空间和动态地理信息的多学科交叉的产物，是地理研究和地理决策的技术系统。GIS 的基本功能是将表格数据（无论是来自数据库、电子表格文件还是直接输入程序）转换成地理图形显示，然后对显示结果进行浏览、操作和分析。显示范围可以从洲际地图到非常详细的街区地图，显示对象包括人口、销售、交通路线等。

（一）GIS 的概念

GIS 是利用计算机存储、处理地理信息的一种技术与工具，是在计算机软/硬件支持下，将各种资源信息和环境参数按空间分布或地理坐标，以一定格式和分类编码输入、处理、存储、输出，进而满足应用需要的人机交互信息系统。GIS 通过对多要素数据的操作和综合分析，方便快速地把所需的信息以图形、图像、数字等多种形式输出，满足各应用领域或研究工作的需要。

随着计算机硬件性能的提高及面向对象、网络和数据挖掘等主流 IT 技术的发展，目前国内学术界提出了第 4 代 GIS 的概念，其主要特征如下。

（1）支持智慧地球和城市大脑概念的实现，从二维向多维发展，从静态数据处理向动态数据处理发展，具有时序数据处理能力。

（2）基于网络的分布式数据管理及计算、WebGIS 和客户端/服务器体系结构，用户可以实现远程空间数据调用、检索、查询、分析，具有联机事务管理和联机分析管理能力。

（3）面向空间实体及其相互关系的数据组织和融合，具有向量和遥感影像数据互动等多源数据的装载与融合能力，多尺度比例尺数据可以无缝融合、互动。

（4）具有统一的海量数据存储、查询和分析处理能力，以及基于空间数据的数据挖掘和强大的模型支持能力。

（5）具有与其他计算机信息系统的整体集成能力。例如，GIS 与管理信息系统、企业资源规划系统、办公自动化系统等的无缝集成，微型、嵌入式 GIS 与各种掌上终端设备（如个人数字助理、手机、GPS 接收设备等）的无缝集成。

（6）具有虚拟现实表达及自适应可视化能力，针对不同的用户会出现不同的用户界面及地图和虚拟现实效果。

（二）GIS 的功能

从学科角度看，GIS 是一门以地理学、测量学、地图学和计算机科学为基础发展起来的学科，具有独立的学科体系框架；从功能角度看，GIS 具有空间数据功能的采集、存储、显示、编辑、处理、分析、输出和响应功能；从技术和应用角度看，GIS 是解决空间问题的工具、方法和技术；从系统科学角度看，GIS 具有明确的结构和功能，是一个完整的系统。对数据进行采集和编辑是 GIS 最基本的功能，比如对地图进行向量化、将采集的地物点展现到地图上、修改以往的数据等。GIS 数据库的管理技术除具有通用的 DBMS 功能外，还包括空间数据库的定义、空间数据的访问与提取、图形与数字的互检、开窗与接边的操作、数据的更新与维护等。空间分析功能是 GIS 区别于其他绘图软件如 CAD 的一个特有功能，主要包括空间量测、几何（如叠加、缓冲区）分析、地形（如坡度、坡向）分析、网络（如优化路径）分析、空间统计（如空间插值）分析等。

（1）数据采集与编辑。主要用于获取数据，保证数据在内容和空间上的完整性，保证 GIS 数据库中数字逻辑的一致性和正确性等。

（2）数据存储与管理。这是建立 GIS 数据库的关键步骤，涉及空间数据和属性数据的组织。栅格模型、向量模型或栅格/向量混合模型是常用的空间数据组织方法。

（3）数据处理和变换。初步的数据处理主要包括数据格式化、数据转换和概括。数据格式化是指不同数据结构的数据之间的变换；数据转换包括数据格式转换、数据比例尺的变化等。

（4）空间分析与统计。空间分析是 GIS 的核心功能，也是 GIS 与其他信息系统的根本区别。分析和解决现实世界中与空间有关的问题，是深化 GIS 应用的重要标志。

（5）产品制作与显示。好的地理信息系统应能提供良好的、交互式的制图环境，以便使用者能够设计和制作高质量的地图，其表现形式既可以是计算机屏幕显示，又可以是硬拷贝图件，如报告、表格、地图等。

（6）二次开发和编程。能够提供二次开发的环境，包括语言开发环境和控件等，以便满足各种不同的应用需求。

三、物联网技术

（一）物联网的概念

物联网（Internet Of Things，IOT）是 1999 年由麻省理工学院的 Ashton 教授在研究射频识别技术（RFID）时最早提出的。2005 年 11 月 17 日，在突尼斯举行的信息社会世界峰会（WSIS）上，国际电信联盟（ITU）发布的《ITU 互联网报告 2005：物联网》中就引用了物联网的概念。

2008 年之后，为了促进科学技术的发展，寻找新的经济增长点，各国政府开始重视下一代技术规划，并且专注于物联网，制定了物联网的发展战略。目前，物联网项目的规模还很小，还没有实现信息的开放和共享。在市场方面，物联网的应用项目还非常有限。物联网的商业化、产业化应用需要市场的推动。物联网应用的 4 大关键领域是 RFID 领域、传感网领域、机器对机器（M2M）领域、两化（工业化与信息化）融合领域，如图 4.6 所示。目前，物联网应用主要分为基于 RFID、基于 WSN 及基于 M2M 的三类物联网应用模式。

物联网是通过各种传感器网络、传感设备、M2M 网络和互联网连接物与物的一种新型网络，它能够自动、智能地收集、传输和处理信息，实现随时随地的科学管理。物联网主要解决人到物（H2T）、物到物（T2T）、人到人（H2H）之间的互连，其中 H2T 是指人们使用一般设备与物品之间的连接，H2H 是指人们之间不依赖于个人计算机的互连。物联网对资源寻址的要求与互联网的相同，以保证网上物品的相关信息能够准确、高效、安全地查询、定位和寻址。物联网的用户端是互联网的延伸和扩展，即任何物和物之间都可通过物联网进行信息交换与交流。

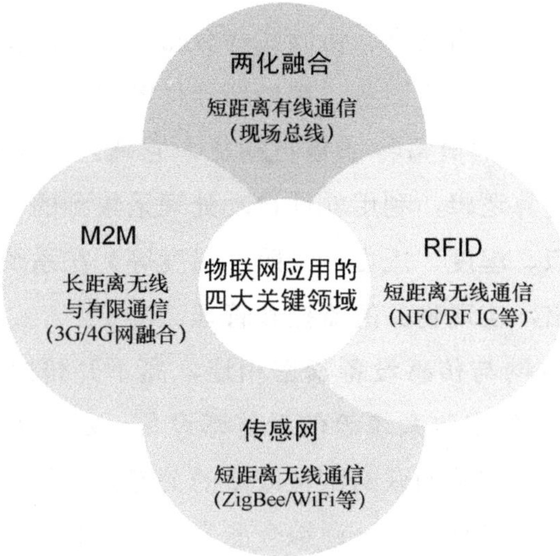

图 4.6　物联网应用的 4 大关键领域

（二）物联网的特征

物联网的本质特征主要是网络化、物联化、互联化、自动化、感知化、智能化等，具体如下。

（1）网络化。网络化是物联网的基础。无论是 T2T、H2T 和 H2H 专网，还是无线、信息、感知物体，都必须形成网络状态；无论什么形态的网络，最终都要与互联网相连才能形成真正意义上的物联网（泛在性）。目前，从网络形态来看，所谓的物联网多数是专网、局域网，只能算是物联网的雏形。

（2）物联化。物联网的基本要求之一是人物相联、物物相联。计算机和计算机连接到互联网可以帮助人们相互沟通。物联网是指在物体上安装传感器，植入微感应芯片，然后利用无线或有线网络让人们与物体“交谈”，使物体与物体能够进行交流。可以说，互联网实现了人与人之间的远程通信，物联网则实现了人与物之间的实时通信，进而实现了从虚拟网络世界到现实世界的连接映射。

（3）互联化。物联网是一个集成，它包括多种网络、接入、应用技术，也是一个能让人与自然界、物与物、人与物进行交流的平台，因此在一定的协议关系下，物联网的显著特征是多种网络融合、协同式与分布式并存。相比于互联网，物联网的开放性很强，具备随时提供新服务、接纳新器件的自适应、自组织能力。

（4）自动化。物联网的典型特征是自动化，它通过数字传感设备自动采集数据，根据事先设定的运算逻辑，利用软件自动处理采集到的信息，并按照设定的逻辑条件（如时间、地点、湿度、压力、光照、温度等）在系统的各台设备之间自动地进行数据交换或通信，实现物品的监控和管理。

（5）感知化。物联网与传感设备紧密相连，离不开传感设备。红外感应器、RFID、激光扫描器、全球定位系统等信息传感设备，对人来说就像视觉、嗅觉和听觉器官一样重要，它们都是物联网不可或缺的关键元器件。

（6）智能化。智能是指个体的一种综合能力，一种对客观事物进行合理分析判断、有效处理周围环境事宜及有目的地行动的能力。物联网的产生是微处理技术、无线通信技术、计算机网络技术、传感器技术不断发展融合的结果，从自动化、感知化的要求来看，它已能代表人、代替人“对客观事物进行合理分析判断、有效地处理周围环境事宜及有目的地行动”。同时，物联网的精髓不仅是对物进行连接和操控，而且可以通过扩张技术手段赋予网络新的含义，实现物与物、人与物之间的互动与相融，甚至是沟通与交流。作为互联网的扩展，物联网同时具备互联网的特性，但也具有互联网当前不具有的一些特征。物联网不仅能够实现由人找物，而且能够实现由物找人，同时能够识别人的规范性。

四、边缘计算技术

近年来，物联网、云计算等技术得到了广泛应用。然而，随着万物互联及 5G 高带宽、低时延时代的到来，各类业务如车联网、工业控制、4K/8K、虚拟现实/增强现实等产生的数据量爆炸式增长，对计算设施带来了实时性、网络依赖性和安全性等方面的要求。为了解决这些问题，国内外学者们提出了边缘计算的概念。

“边缘计算”中的“边缘”是指在数据源与云端数据中心之间的任何计算及网

络资源。例如，智能手机就是个人与云端的边缘，智能家居中的网关就是家庭设备与云端的边缘。边缘计算的基本原理是在靠近数据源的地方进行计算，是在靠近物或数据源的网络边缘侧融合网络、计算、存储、应用的核心能力。与云计算相比较，边缘计算就近布置，因此可以理解为云计算的下沉。

边缘计算实现了物联网技术前所未有的连接性、集中化和智能化，能够满足敏捷连接、实时业务、数据优化、应用智能、安全与隐私保护等方面的需求，是实现分布式自治、工业控制自动化的重要支撑。

边缘计算不仅是计算系统从扁平演进到边缘及向 5G 网络架构演进的必然技术，而且能够提供一种新的生态系统和价值链。第三方数据分析机构 IDC 预测，到 2020 年，全球将有约 500 亿台智能设备接入互联网，主要涉及智能手机、可穿戴设备、个人交通工具等，其中 40%的数据需要边缘计算服务。边缘计算有着强大的市场潜力，因此引起了各研究机构、标准组织、服务提供商和产业界的极大关注。

2016 年 11 月 30 日，我国边缘计算产业联盟（Edge Computing Consortium，ECC）在北京成立。边缘计算产业联盟由华为技术有限公司、中国科学院沈阳自动化研究所、中国信息通信研究院、英特尔公司、ARM 公司和软通动力信息技术有限公司创始成立，首批成员单位共 62 家，涵盖科研院校、工业制造、能源电力等不同领域。2016 年和 2017 年，分别出版了《边缘计算参考架构》的 1.0 版和 2.0 版，梳理了边缘计算的测试床，提出了边缘计算在工业制造、电力能源、智慧城市、交通等行业应用的解决方案。

边缘计算是 5G 的核心能力之一，是实现 5G 性能提升的关键。2017 年，中国通信标准化协会（CCSA）发起了“边缘计算研究”项目。CCSA 无线通信技术委员会（TC5）和工业互联网特设任务组（ST8）分别立项了有关边缘计算的项目。ST8 重点关注面向工业互联网的边缘计算和边缘云标准化内容。目前，ST8 任务组已经立项的标准包括《工业互联网边缘计算总体架构与要求》《工业互联网边缘计算技术研究》《工业互联网边缘计算边缘节点模型与要求》《工业互联网边缘计算需求》。

在 TC5 中，三大运营商分别在边缘计算领域立项，内容涉及边缘计算平台架构、场景需求、关键技术研究和总体技术要求。中国联通发起并主导的“5G 边缘计算平台能力开放技术研究”项目，将结合边缘计算平台架构及移动网络能力，进行 5G 边缘计算能力开放的场景分析和方案研究，进一步标准化网络信息开放框架与内容。中国移动和中国电信分别牵头立项“边缘计算总体技术要求”和“边缘计算关键技术研究”，内容涵盖 5G MEC 的关键技术，包括本地分流、业务缓存和加速、本地内容计费、智能化感知与分析、网络能力开放、移动性管理和业务连续性保障。

三大运营商在边缘计算方面展开了广泛探索。中国联通于 2018 年 2 月宣布正式启动全国范围内 15 个省市的边缘云规模试点和数千个边缘数据中心的规划建设工作；中国移动在江苏、浙江等地通过核心网下沉网关分流至 CDN 边缘节点，探索了一些商用场景；中国电信在 2018 年搭建了基于边缘计算的 vCDN 概念验证解决方案环境，测试结果理想。

目前，运营商的边缘计算主要处于技术研究、实验室测试及相对简单场景的预商用阶段。英特尔公司和阿里云联合重庆瑞方渝美压铸有限公司打造了工业边缘计算平台，平台采用英特尔公司开发的深度学习算法、数据采集、协议转换软件，以及阿里云开发的基于 Yocto 的操作系统（AliOS Things）。平台可以运行在工业边缘计算节点本地，其结果聚合并存储在边缘服务器上，并通过阿里云的 Link Edge 实现数据上云。平台采用的机器视觉解决方案在 0.695 秒内几乎可以实时地识别制造缺陷，检测精度几乎为 100%。

复习思考题

4.1 城市大脑的支撑技术主要有哪些？

4.2 云计算技术的概念与原理是什么？

4.3 大数据技术的概念是什么？

4.4 物联网技术的特征有哪些？

4.5 区块链的定义是什么？

4.6 区块链的特征是什么？

第五章

中 枢 系 统

学习目标

- 掌握中枢系统的含义
- 了解中枢系统的总体架构
- 熟知中枢系统的应用场景
- 理解中枢系统的安全机制
- 明白中枢系统子系统的构成

第一节　中枢系统的含义

中枢系统（Central System）是城市大脑的核心支撑系统，是以实现全社会的系统联通、数据协同，保障城市业务信息即时在线、数据实时流动为目标，进而支撑多样化的便民惠企场景和辅助决策数字驾驶舱的综合性信息系统。

中枢系统是为城市大脑而生的。在城市大脑建设过程中，为解决海量数据协同计算、推动系统互通、数据互通，中枢系统应运而生。中枢系统在数字技术迭代升级过程中进化，真正推动全数集成、万物互联。

中枢系统是打破信息孤岛的终极手段。在解决信息孤岛的过程中，为防止产生更大的孤岛，中枢系统能够充分利用已有的基础设施资源，在信息孤岛之间建立高速公路，数据协同更加便利。

中枢系统是将城市有机连接的核心。城市是一个非常复杂的有机体，中枢系统在城市内部能够直达神经末梢，在城市之间建立有效的桥梁，为城市集群发展提供有益的技术支撑。

一、中枢系统的总体架构

（一）城市大脑的总体架构

城市大脑以中枢系统为核心，以在线、智能为双翼，构建互联互通的信息系统。中枢系统汇集服务网关、业务流程、异步调用、中枢认证、消息服务、持久化引擎、中枢计算、数据订阅、数据服务、智能引擎职能。部门系统、区县平台、企业通过中枢协议与中枢系统联系，达到系统互通和数据协同的目的。中枢系统通过“一网”互联、“一云”计算、“一库”融合实现在线资源整合，部门系统、区县平台、企业通过多网、多云、多库实现在线数据归集，经中枢系统处理后智能地呈现在数字驾驶舱（包括市级驾驶舱，区县平台、部门系统驾驶舱，乡镇街道驾驶舱）上，智能地应用于非浙 A 急事通、多游一小时、舒心就医、街区治理和云栖小镇便捷泊车等便民生活场景，智能地提供数字城管、阳光审批等应用服务，将跨部门、跨区域、跨职能的数据转化为可视、可知、可感的目标。

基于中枢系统的城市大脑总体架构如图 5.1 所示。

各部门在垂直业务线内分别进行数据归集、资源整合，形成垂直部门业务系统；区县平台在区域内进行横向资源整合，形成区域化平台；二者通过中枢系统提供的业务协同能力实现系统互通，通过中枢系统提供的数据协同能力进行数据协同，最终形成城市信息化基础设施。

截至目前，在杭州城市大脑中枢系统上运行着 40 个跨部门的综合应用场景（如多游一小时、舒心就医等），以及 100 多个数字驾驶舱，包括杭州市市级平台数字驾驶舱、部门系统数字驾驶舱、区县平台数字驾驶舱及各街道驾驶舱，为市级、局级、处级领导干部的日常管理提供数字化支撑，同时为基层工作人员的日常办公提供数据及工具支撑。

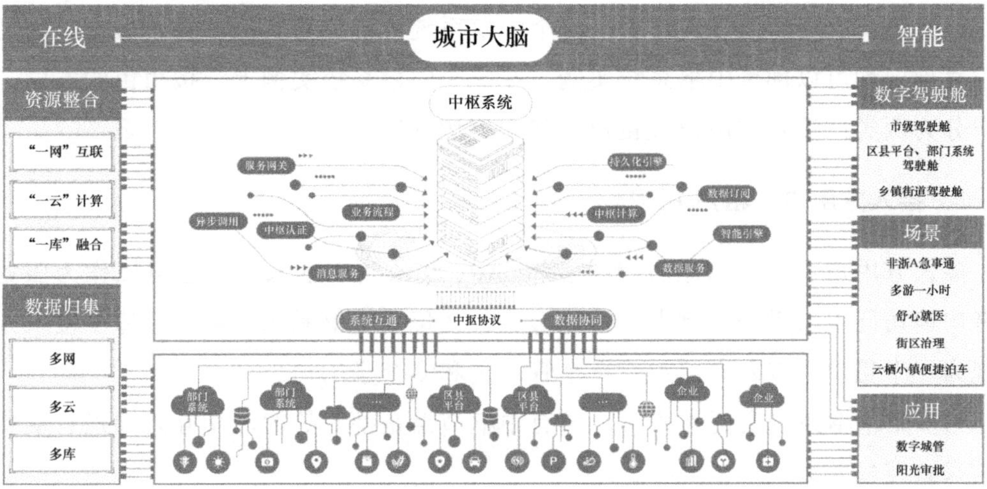

图 5.1　基于中枢系统的城市大脑总体架构

（二）中枢系统介绍

中枢系统的技术核心是跨云、跨网、跨库的数据协同计算能力，它通过计算、学习、推演，实现城市基础设施间、各部门业务系统间的智能协同。

中枢系统的接入层作为与跨部门、跨区县各系统、各平台的唯一接口，承担着和其他系统进行信息交互的责任，包括安全验证、协议对接、数据过滤、消息转发等功能，为众多政务系统及数据系统提供更加便捷的信息传递方式及信息处理方式。

中枢系统不同于中台，中枢系统解决的是数据系统计算问题，中台解决的则是数据采集、清洗、分析等问题。因此，在城市级的计算中，既需要中台，更需要中枢。中台解决部门级的数据归集和使用问题，中枢则解决城市级乃至城市群全社会的数据协同计算问题，因此城市大脑需要的是中枢系统。

（三）中枢系统的实例与角色

中枢系统以集群化方式部署，每个中枢系统集群称为实例。每个城市、区县或者垂直部门均可以部署中枢系统实例。在每个中枢系统实例上，按角色的不同，将用户分为两类：接入方用户（租户）和中枢运营用户。

1. 接入方用户（租户）

接入方用户可以作为服务提供者将 API 注册到中枢系统，也可以作为服务消费者申请访问中枢系统实例上的其他服务。在每个中枢系统实例上，每个接入方都被视为一个租户，接入方用户有一个管理员和多个子用户。

当多个中枢系统实例互联时，所有中枢节点是都对等的，相互之间没有从属关系，只有授权关系。

对每个中枢系统实例来说，其他与之互联的中枢系统是一个接入方（租户），由中枢系统运营用户处理所有的接入请求和授权审批；同时，每个中枢系统在其他中枢系统上也是一个租户，可以作为消费者向其他中枢申请 API 访问授权。

2. 中枢运营用户

中枢运营用户的具体职责如下：对所有的授权申请进行审批；对接入该中枢系统实例的接入方用户（包括其他中枢系统实例）进行管理；接入其他中枢系统实例，申请其他中枢系统实例的资源；对系统进行运维。

二、名词解释

（1）资源。接入方用户（租户）在中枢系统上维护的 API、数据表、消息、指数以及通过以上资源聚合而成的新 API、指数、数据表，统称为资源。资源可以通过 API 的方式进行访问，也可以通过订阅的方式，由中枢系统调用接入方提供的 API 推送给接入方。

（2）资源访问密钥。资源消费者需要使用资源访问密钥（以下简称密钥）来调用中枢系统实例上开放的服务 API。密钥具体体现为 Access Key ID 和 Access Key Secret，在 API 调用时用来进行签名信息计算，中枢系统收到资源调用请求时对签名信息进行验证。每个接入方可以创建多个资源访问密钥，根据权限的不同，分为主密钥和子密钥。接入方用户获得授权的所有资源服务均可通过主密钥进行访问，接入方用户还可将已获得授权的资源服务（包括自有资源）授权给子密钥。

（3）资源发布者。创建及维护资源的用户。资源可进行开放等级管理，分为内部使用资源和公开资源。公开资源可被其他接入方看到和申请授权。内部使用资源只有接入方内部可见、可用。

（4）资源消费者。使用资源和订阅资源的用户。除了自身的资源，用户可以申请其他接入方开放的资源。

（5）资源接入。任何一个中枢实例下的接入方均可将应用服务以业务类 API 的形式接入中枢系统，同时也能将指数类 API、指数、数据表接入中枢系统。接入的资源需提供足够的描述及调用说明，以便使得潜在的消费者判定是否是自身需要的资源，并且在授权后能按说明进行调用。

（6）聚合资源。系统支持接入方基于自己的资源及被授权的资源进行格式转换、组合计算、模型推演等，进而产生更符合业务场景需求的新资源。新资源允许被发布、申请和订阅。

（7）资源授权。资源消费者需要调用非自己的资源时，需向资源运营方申请授权，资源运营方审批通过后方能调用。每次调用会自动进行密钥校验。

（8）资源订阅。资源消费者可以订阅通过授权审批的资源。

三、中枢系统的应用场景

（一）横向互联互通

中枢系统解决城市中不同部门系统、区县平台的多网互联互通问题，实现政务网到部门专网、公网，互联网到政务网、部门专网，以及部门专网到政务网、公网的互联互通。中枢系统结构图如图 5.2 所示。

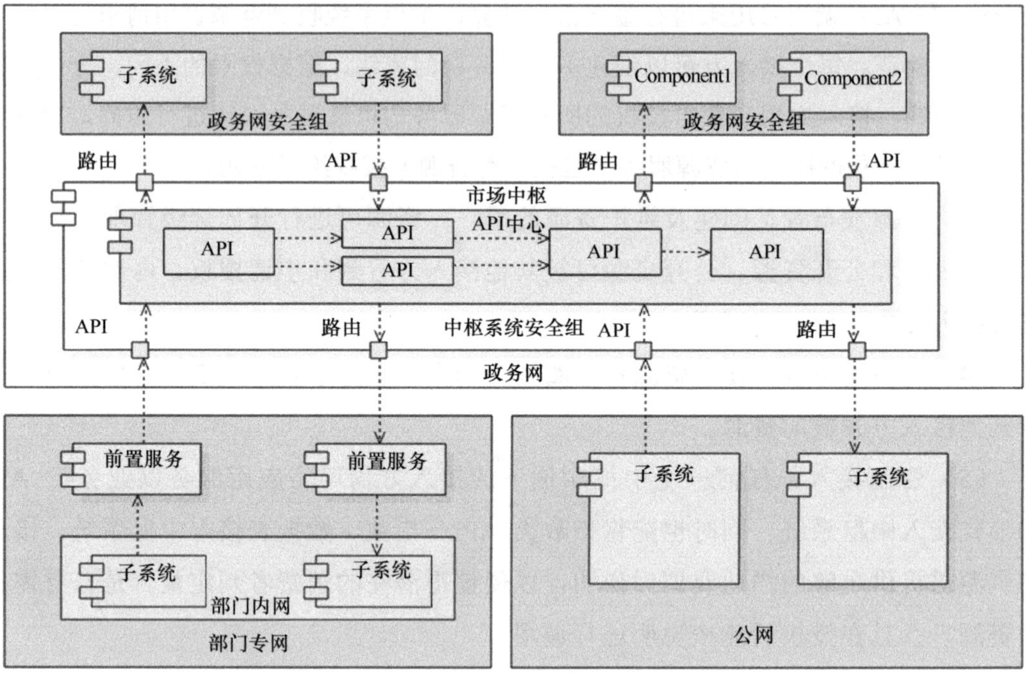

图 5.2　中枢系统结构图

中枢系统部署于政务网内，并具备公网入口（堡垒机方式）和出口。

根据每个城市的情况，部门系统或区县平台子系统所处的网络分为以下 3 种。

（1）部门系统位于政务网内部，并与中枢系统处于不同的安全组，相互之间通过白名单实现互访。

（2）部门系统位于部门专网内部，可以在部门专网部署前置服务，通过前置服务与中枢系统进行双向互联；同时确保部门内网和核心应用的安全，部门专网与政务网互联可以采用互联网（堡垒机方式），也可以采用专线接入方式。

（3）部门系统位于公网内，直接通过公网与中枢互联，并且通过中枢访问位于政务网、部门专网内部的服务。

（二）跨城市互联

多个中枢系统实例之间可以互联，在每个中枢实例内解决政务网、公网、专网之间的互通。在多个城市或省级部门之间，通过专线或公网进行互联。中枢跨城市互联图如图 5.3 所示。

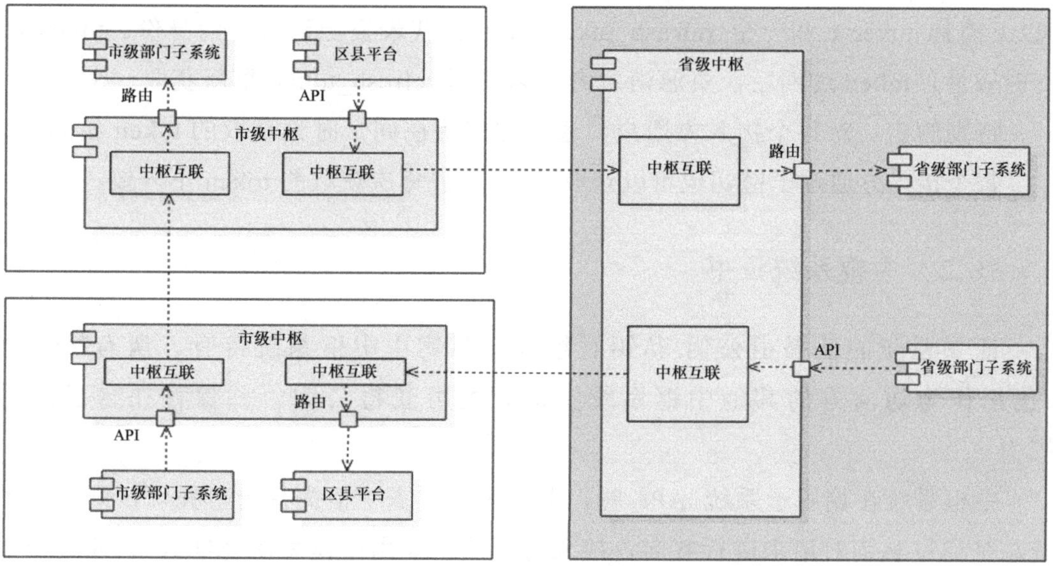

图 5.3　中枢跨城市互联图

市级部门子系统或区县平台可以通过市级中枢接入其他市级中枢的部门子系统、区县平台，也可以接入省级中枢的省级部门子系统，省级部门子系统可以通过省级中枢接入市级中枢系统的市级部门子系统或区县平台。

在图 5.3 中，各个中枢是对等的，每个中枢系统的运营管理员负责管理该中枢系统上的 API 授权申请。

图 5.3 同样适用于多个区县中枢系统、部门中枢系统与市级中枢之间的互联。理论上，多个中枢系统可以通过中枢互联功能无限扩展，以解决复杂网络环境的互联。

四、中枢系统的安全机制

（一）中枢 AccessToken

资源消费者在其子系统中，通过资源访问密钥获取一个中枢 AccessToken（以下简称 token）和一个 refresh_token。token 代表资源消费者的身份。token 具有时效性，token 过期后，资源消费者可以使用 refresh_token 重新获取一个。

特别约定：对每个接入方用户，通过主密钥在同一时刻获取的 token 相同。

每个接入方通过子密钥也可以获取 token，但每次获取的 token 不一致。

（二）中枢系统证书

证书系统的证书由公钥/私钥对组成，私钥由中枢系统持有，所有接入方（包括作为访问方的其他中枢系统实例）均可获得公钥，并保存在自己的系统中。

中枢系统在调用子系统 API 时，若子系统要求中枢提供身份凭证，则中枢系统总是通过私钥对请求进行签名，接入方子系统调用中枢系统 SDK，并通过公钥验证签名。

（三）接入方 Agent 服务

每个接入方都需要部署、安装和启动一个 Agent 服务。

Agent 服务使用资源访问密钥（主密钥）从中枢系统获取 token，并定时调用中枢系统心跳接口，维持心跳，同时检测 token 的有效性。当 token 快要失效时，重新获取一个 token。同时，接入方 Agent 服务向接入方提供 token 验证接口，以确保子系统的安全。

（四）中枢访问子系统

中枢系统访问子系统时，将使用接入方通过主密钥获取的 token。接入方子系统需要调用 Agent 服务的 token 验证接口对该 token 进行验证，验证通过后，方能返回正确的结果，以确保子系统访问安全。

若子系统的 API 声明为需要授权，则中枢系统使用中枢系统私钥对请求进行签名，接入方中枢系统 SDK 验证签名，确保身份合法，且请求未被篡改。

（五）子系统访问中枢

子系统通过资源访问密钥获取 token，每次访问中枢系统资源时都携带该 token，中枢系统根据 token 验证消费者的身份及访问权限。

子系统访问中枢时，若该中枢接口需要签名（防篡改），则消费者用户的子系统必须使用中枢系统 SDK 调用 API，中枢系统 SDK 会自动对请求进行签名。

（六）中枢系统访问其他中枢系统

中枢系统访问其他中枢系统时，访问发起方等同于资源消费者，资源消费者需要使用资源提供者（被访问的中枢系统实例）发放的资源访问密钥获取 token 并且携带 token，同时中枢系统 SDK 对请求进行签名。该流程与“子系统访问中枢系统”的一致。

在中枢系统访问其他中枢系统时，只要被访问的中枢授权通过，发起方中枢获取资源访问密钥后，就在访问发起方中枢系统内自动启动 Agent 服务，无须单独的 Agent 服务器。

五、相关系统功能对比

中枢系统和其他传统数据功能没有很大的可比性，因为它们的设计初衷和基本设计理念有着本质的差异，导致基本设计有很大的不同，同时功能模块也有很大的区别。

中枢系统与数据中台、数据交换、服务总线等产品化系统的功能相比，中枢系统在整体的产品功能定位上更偏顶层，更偏城市化的应用管理，包容性强，融合了业务服务总线、数据交换/集成、数据仓库/计算、数据服务、实时协同等功能。

图 5.4 中显示了相关系统功能对比图。

产品功能	服务总线	数据交换	数据中台	中枢系统
① 业务服务总线	✔			✔
② 数据交换/集成		✔	✔	✔
③ 数据仓库/计算			✔	✔
④ 数据服务		✔	✔	✔
⑤ 实时协同				✔

图 5.4　相关系统功能对比图

六、中枢系统的特点

中枢系统的特点如下。

（1）通过数据协同解决政府信息化的问题。中枢系统是城市大脑建设过程中的顶层设施，可以通过中枢系统实现各个系统（各个部门）的智能桥接和联通功能。对于打破传统信息中的碎片化和信息孤岛具有极大的意义，是跨数据库协同计算的核心。中枢架构突破了传统的企业架构，通过数据协同而非归集的方式，解决了政府信息化建设纵强横弱的问题，实现了系统互联互通、信息实时在线及数据即时流动。

（2）实现全域数据治理。在信息互联互通的基础上，中枢系统通过在中枢协议中引入区块链，进一步实现了基于区块链的全域数据治理。中枢系统是泛数据系统的整合和提升，它以数据协同为核心功能；中枢系统可以和数据中心、数据中台、业务中台等配套使用，也可以独立使用。

（3）通过数字驾驶舱，实现一部手机治理一座城。基于中枢系统的架构可以实现数字驾驶舱的快速开发。通过数字驾驶舱，实现城市生命体征实时在线、事件触发、民意即时预警，进一步全面完善城市的监管指挥和治理。

（4）场景建设，灵活高效。中枢系统通过已建平台系统数据整合接入，充分利用了已有基础设施资源，建设成本可控，技术标准统一。数据协同更便利，应用场景建设更高效。

中枢系统重连接、重协同，所以速度快、见效快；相比传统的数据大归集做法，中枢系统以场景和业务为驱动，可以快速地完成部署并实现相应的功能。

第二节 中枢系统的构成

中枢系统的核心功能是业务协同和数据协同。通过业务协同网关，实时接入部门、区县信息化系统，实现各部门、区县数据实时在线、系统互通；通过数据接入及实时订阅体系，实现跨部门、区县数据的即时流动和数据协同。

一、中枢系统业务协同

中枢系统业务协同功能通过适配并接入各业务系统 API，构建统一的信息化服务网关，所有应用系统都可通过中枢系统提供的信息化服务网关访问其他系统 API，避免出现系统之间的网状 API 交互，提升系统的可维护性，降低业务场景开发的复杂度。

同时，中枢系统业务协同模块提供统一的服务 API 认证授权体系，所有调用必须在授权范围内完成，确保信息系统安全及数据安全。

中枢系统业务协同子系统由以下模块组成：APIHub、注册中心、中枢认证中心、服务网关、消息服务、业务流程引擎。

（一）APIHub

APIHub 依赖于中枢协议，通过中枢协议，部门系统、区县平台将 API 接入中枢系统，并对外提供统一的访问方式。

APIHub 基于中枢协议，适配不同协议的 API，而不管部门系统及区县平台 API 使用何种语言及协议。同时，APIHub 为 API 调用提供路由、缓存服务，以实现 API 的高可用性。

（二）注册中心

注册中心为部门系统、区县平台访问中枢系统提供寻址及指南服务。

中枢系统对外提供的所有服务，均在注册中心注册，包括服务调用方式、输入/输出格式、示范代码等。部门系统、区县平台开发者无须关注服务的部署结构及地址，只需根据服务编码调用 SDK 或 RestfulAPI 即可访问中枢系统提供的服务。

（三）中枢认证中心

中枢系统为接入中枢平台的部门系统、区县平台发放 AccessID/SecretKey，以标记接入系统或平台的身份信息；接入方通过 AccessID/SecretKey 获取中枢 token，接入方对中枢系统的所有 API 访问必须携带此 token。中枢 token 的获取使用 Oauth 2.0 协议，token 的有效期为 2 小时，过期后可调用 refresh_token 重新获取。

另外，接入方对中枢系统的所有 API 访问，必须提交访问授权申请（包括针对 API 的数据权限申请），运营管理人员审批申请，审批通过后，接入方才能访问 API，以确保信息系统安全及数据安全。

（四）服务网关

对于接入的 API 及数据，中枢系统提供统一的 API 服务网关，通过该网关实现

API 访问的身份及权限验证服务、API 服务高可用、熔断、降级及弹性伸缩服务。

在服务网关层，通过调用中枢认证中心服务，实现对访问者身份、权限的验证。

网关层为中枢系统的所有服务提供负载均衡及高可用服务，网关可以根据访问情况对 API 进行熔断、降级或弹性伸缩，以确保中枢系统的可用性。

中枢对外提供的所有 API 均支持同步调用和异步调用，接入方系统可以根据实际业务需要选择同步或异步调用方式。如果选择异步调用，那么异步调用网关在 API 执行完成后，通过用户提供的回调地址进行结果回调。

服务网关可以根据访问量、性能，按用户配置进行自动伸缩，以便满足不同时段的访问需求。

网关层记录所有的 API 调用日志，提供 API 计量体系，日志中包括调用方、APICode、入参、出参、响应时间、成功失败标志等信息，并且提供 API 协同统计分析功能。

网关层提供的服务包括业务服务、元数据服务、数据服务和资源服务。

1. 业务服务

业务服务包括如下 3 种。

（1）通过中枢协同模块接入中枢系统的业务 API。该类 API 运行在接入方系统上，网关通过 APICode 路由到子系统，并进行请求/响应转换。同时，由于 API 最终会调用到接入方系统上，网关层需要根据接入方系统的配置进行负载均衡，对查询类 API，根据 API 类型及频率进行结果缓存，确保 API 的高效调用。

（2）组合 API。组合 API 是指通过业务流程引擎编排、部署 API。对组合 API，中枢系统记录每一步的执行结果，出现异常时根据补偿 API 进行自动回滚，以保证数据的最终一致性。

（3）部署在中枢系统上的业务 API。该类 API 为各接入方使用中枢系统 SDK，依托于中枢系统数据，开发并部署在中枢系统上的业务 API。该类 API 会以 Docker 形式部署在中枢系统上，Docker 实例的数量会根据用户设定的访问量或响应时间自动伸缩。

2. 元数据服务

元数据服务主要为接入方提供元数据查询服务，包括 API 列表、API 规格（输入/输出参数及文档）、数据表及字段格式。接入方可以根据元数据实现通用的数据接口，如根据数据表及字段格式元数据构建通用的解析处理引擎等。

3. 数据服务

数据服务是中枢系统对外进行数据协同的主要方式，它可分为以下两类。

（1）实时数据服务。实时数据服务的作用主要是满足接入方对中枢系统数据的实时查询，它采用同步调用方式，即时调用即时返回，适用于业务数据、业务指标的小规模实时查询。

（2）异步（离线）数据服务。异步（离线）数据服务适用于大批量的数据同步，它采用异步调用方式，调用流程如下。

① 接入方发送数据请求。

② 网关收到请求后，生成任务，并将任务编号回复给接入方；同时，中枢系统开始进行数据处理。

③ 数据处理完成后，中枢系统调用接入方接收通知接口，通知接入方结果文件地址。

④ 接入方获取数据，进行异步处理，同时将结果回执发送到中枢系统。

⑤ 中枢系统收到回执后，清理数据，释放资源。

异步任务的处理一般以文件方式进行通知，文件存放于分布式文件系统（可以是 OSS、FastDFS、HDFS、NFS 等）中。

4. 资源服务

资源服务主要为接入方提供文件、视频服务。为满足实时监控的需求，视频服务支持离线视频文件及实时视频流。

（五）消息服务

消息服务是中枢系统的基础服务之一，中枢系统通过消息服务为接入方提供异步调用服务；同时，在中枢系统内部，通过消息服务实现计算任务解耦，以实现基于消息的流失计算服务。

接入方进行异步调用时，调用请求以消息的形式传递到中枢系统，中枢系统监听消息，并进行任务处理；处理完成后，发送通知到消息中间件；中枢系统通知服务监听消息，并根据消息调用接入方提供的回调地址进行结果回调。

（六）业务流程引擎

业务流程引擎为接入方处理复杂业务场景提供可配置的流程解决方案。一个复杂的业务场景往往需要同时调用多个系统的API，调用可能是并行的，也可能是串行的。

中枢系统提供的业务流程引擎可让接入方组合多个 API，通过定义输入/输出，并行或串行完成多个 API 调用及输出结果映射，最终对外提供复合业务流程逻辑的组合 API，以简化业务流程开发，同时应对多变的业务需求。组合 API 编排完成后，可以一键部署到中枢系统，并通过服务网关对接入方开放。

二、中枢系统数据协同

中枢系统数据协同功能通过适配并接入不同来源的数据，以发布/订阅的方式推送到订阅方，实现跨部门、区县的数据实时流动、数据协同。

中枢系统数据协同子系统包括以下模块：数据接入服务、数据订阅服务、数据持久化引擎、业务规则引擎、中枢计算引擎、数据服务引擎等。

（一）数据接入服务

中枢系统的数据接入服务主要用于接入部门、区县的数据，为数据协同、融合计算提供数据支撑。

数据接入服务以各部门主动推送、中枢主动拉取的方式进行数据接入。中枢主动拉取由中枢系统调度引擎完成，中枢调度引擎根据接入任务进行周期性调度，完成数据接入。接入方推送的数据由中枢系统消息服务进行事件分发，并交由不同的处理器进行处理。

数据接入模块支持批量实时数据接入、实时数据实时接入。

（1）批量数据接入。批量数据接入主要针对大批量即时数据，包括结构化、半结构化及非结构化数据。基于中枢协议，中枢系统可以实现对文件、Rest 接口、JDBC DataSource、Hive、ODPS 等数据源中的数据的接入。

（2）实时数据接入。实时流式数据接入可以处理包括 IOT 设备、语音流、视频流、图片流、消息流等一切流式数据的接入，可以对各种移动设备、应用软件、网站服务和传感器等产生的大量流式数据进行实时接入；同时可通过实时计算服务对数据进行计算，通过数据服务、数据订阅体系对计算结果、原始数据进行分发，实现数据智能流动。

（二）数据订阅服务

中枢系统数据订阅服务可以提供实时订阅和批量订阅服务。数据需求方可根据数据频率、数据量选择实时或批量订阅方式。

对于实时订阅，中枢系统通过监听数据接入及融合计算事件，将接入数据、计算结果实时地推送到订阅方。

对于批量订阅，中枢系统根据订阅频率自动进行任务调度，在任务完成后，回调订阅方接收数据。

（三）数据持久化引擎

数据持久化引擎是中枢系统数据协同的基础，所有经过中枢系统的数据均通过中枢系统持久化引擎进行缓存、清理。

数据接入服务收到数据后，调用持久化引擎进行数据缓存，数据持久化引擎根据接入数据的元数据信息进行数据加密、脱敏存储，同时记录数据持久化周期。

对于数据批量订阅服务，调度引擎根据订阅自动进行任务调度，任务执行引擎调用持久化引擎获取数据，存储订阅结果。

另外，调度引擎在数据存储周期结束后，调度数据清理任务，清理任务调用持久化引擎清理数据。

（四）业务规则引擎

业务规则引擎为中枢计算引擎提供业务规则支撑，接入方开发者可以基于接入数据的元数据信息配置计算规则、事件规则，中枢计算引擎调用业务规则引擎进行融合计算，或根据事件规则触发业务事件。

（五）中枢计算引擎

中枢计算引擎包括实时计算引擎和离线计算引擎，如图 5.5 所示。

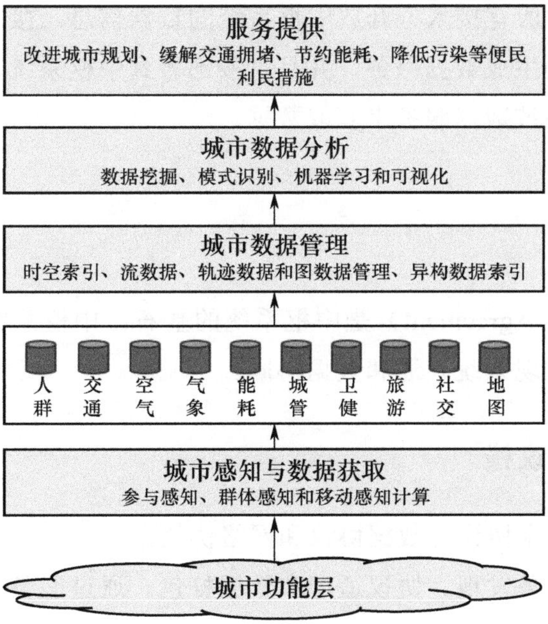

图 5.5　中枢计算引擎

实时计算引擎依赖于消息服务，以事件的方式组织计算任务；离线计算引擎由调度引擎进行调度。中枢计算引擎依赖于接入数据的元数据信息，开发人员可以基于元数据信息编写业务规则或 SQL、自定义任务等，中枢计算引擎调用业务规则引擎或 SQL 引擎、自定义任务进行融合计算。

城市感知和数据获取、数据管理、中枢数据分析、服务提供 4 个环节共同组成城市大脑中枢计算引擎的基本框架。中枢计算是一个“多数据多任务”的系统，其复杂度远胜于以自然语言分析和图像处理等为功能的“单数据单任务”系统。中枢计算中的任务涵盖缓解交通拥堵、减少能源消耗、改进城市规划、保护自然环境等场景化应用。因此，在同一个任务中要求同时用到多方的数据。例如，当进行城市规划设计时，同时参考交通流、道路结构、兴趣点分布等多种数据源。

（六）数据服务引擎

数据服务引擎对所有接入方开放中枢系统的数据信息。接入方可以根据中枢数据的元数据信息自动生成数据服务，并且直接部署到中枢系统，部署后，接入方即可通过网关服务调用该数据服务来获取数据。

三、中枢协议

中枢协议（Hub Agreement）是中枢系统的基石。中枢系统通过中枢协议连接部门系统及平台，实现系统互通和数据协同。

（一）中枢协议栈

中枢协议分为安全协议、数据协议和网络协议。

数据协议包含服务发现、协议适配和数据打包。通过服务发现，服务访问者可以透明地访问服务提供者，而无须关心服务提供者的物理部署情况、网络结构，中枢系统会获取可用的服务地址，完成服务调用，并将调用结果反馈给调用方。协议适配用于适配不同的服务提供者及服务调用者。服务提供者若是 RPC、RMI、SOAP、CORBA、JMS、MQTT、Restful 中的一种，则意味着它无须进行任何协议层的适配即可接入中枢；服务调用者可以根据自己的开发语言及框架，选择适合自己的协议来访问中枢系统。数据打包协议用于在服务调用者和服务提供者之间进行数据传输，支持的数据打包协议（序列化协议）包括 JSON、XML、Binary。对于自定义的序列化协议，提供者需要提供序列化/反序列化类，才能对请求及响应的数据报文进行打包/拆包。

中枢协议栈如图 5.6 所示。

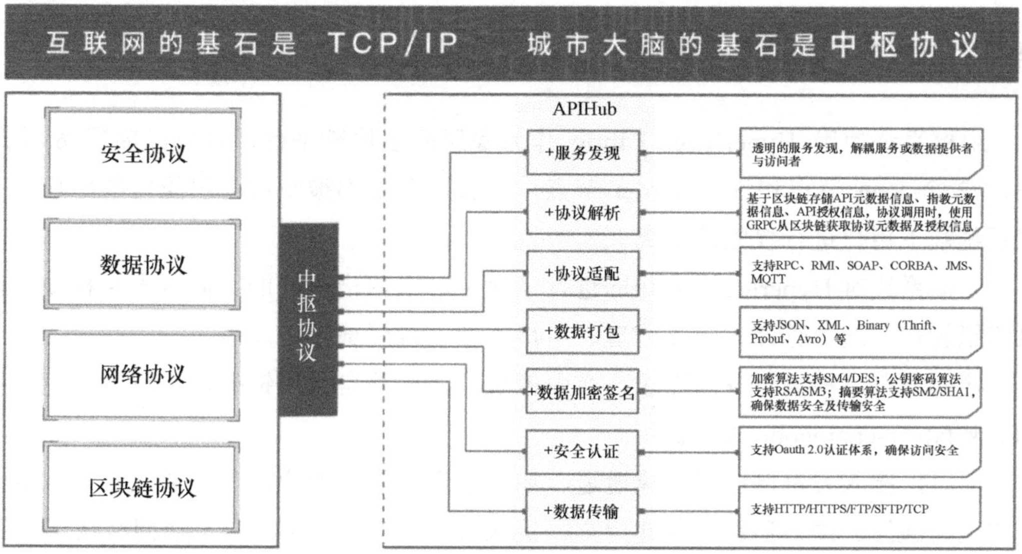

图 5.6　中枢协议栈

安全协议包括数据加密签名和安全认证协议。数据加密签名用于确保数据在传输过程中的安全性和完整性，确保数据不被拦截或篡改。数据加密算法支持 SM4/DES；公钥密码算法支持 RSA/SM3；摘要算法支持 SM2/SHA1。安全认证协议兼容 Oauth 2.0 认证体系，确保协同过程中各参与方的身份的合规性。

网络协议主要指数据传输协议，支持 HTTP、HTTPS、FTP、SFTP、TCP。

（二）基于区块链的协议存储

中枢系统的所有元数据信息（包括 API 信息、数据元数据信息）均存储在区块链中，用于在不同的接入方之间共享 API 目录、数据元数据目录。使用区块链平台，可以支持多版本的 API 及数据元数据。

同时，所有的 API 授权信息、数据授权过程信息、结果信息也存储在区块链中，以确保数据的使用安全。所有的 API 调用、数据接入、数据服务，中枢协议层均从区块链中获取元数据信息，并进行 API 路由、协议报文解析、授权验证。

四、中枢系统区块链服务

中枢系统使用 Hyperleger Fabric 作为底层的区块链平台，目前已部署 6 个组织、12 个 Peer 节点和 3 个 Order 节点，所有接入方都被映射为组织内的用户，中枢系统基于用户进行权限的隔离。

中枢系统对 Hyperleger Fabric 进行了封装，根据接入方的不同需求及权限，提供组织管理、通道管理、节点管理、用户管理、链码部署等功能。

接入方可以根据自身的需求，在中枢系统上部署自己的链码，并通过中枢提供的 sdk-fabric-chaincode 进行调用。

同时，接入方可以申请创建通道、加入通道、创建用户，审批通过后，中枢系统将创建通道、加入通道或创建用户，接入方可以下载 CA 证书来访问区块链。

五、开发工具

（一）数据开发

中枢系统数据开发工具为数据管理和开发人员提供一站式的集成开发环境，满足数据管理和开发人员进行 ETL 开发、数据挖掘算法开发、数据建模等需求。

数据开发平台可以提供的具体功能如下。

（1）支持元数据管理、数据建模功能。

（2）支持可视化调度流程及任务管理，支持手工任务及周期性任务；提供流程及任务运行监控、日志查询等功能；任务节点支持数据映射和丰富的内置函数，支持可视化 SQL 编辑和多表关联。

（3）支持离线和实时任务开发，规则引擎支持数据转换、逻辑处理、事件触发。

（4）基于元数据模型，通过可视化编辑器支持数据服务开发、测试及发布。

（二）应用开发

中枢系统应用开发平台主要提供元数据、表单、查询引擎及工作流和业务流程引擎服务。

元数据引擎是表单、工作流引擎的基础，用户可以基于元数据对数据库表、业务实体进行字段级扩展和关联关系扩展，如添加字段、添加子表等操作，以满足复杂业务场景的需求。

用户对元数据的扩展，可以应用到查询引擎的查询条件、排序字段、结果字段上，持久化引擎将根据元数据，将其自动翻译成 SQL 语句来执行。

在表单引擎中，用户可以基于元数据定义表单信息项、扩展子表单，并且可以基于权限体系控制每个表单项的操作权限（录入、修改）。在查询引擎中，可以根据元数据控制用户对结果列定义权限。

在工作流引擎的多个任务节点可以关联表单，工作流引擎支持会签、加签、或签和混合场景，用户可以根据不同的业务流程定义不同的流程模板及任务表单，充分满足业务场景开发的需求。

（三）可视化开发

无须设计经验或技术背景，使用中枢可视化开发平台，通过添加拖曳等可视化编辑的交互方式，就可以快速创造出美观酷炫的数据大屏。通过数据可视化开发平台，可以实现数据的秒级刷新响应，灵活地进行部署发布。结合中枢系统提供的数据指标体系，可以直接引用或接入各种不同类型的数据源，为数字驾驶舱升级或场景增加提供高效便捷的基础工具。

可视化开发平台提供的具体功能如下。

（1）支持移动端和 PC 端的可视化设计、测试、发布。

（2）支持一站式设计开发，内置的可视化组件包括布局、轮播、翻牌器、标签页、图表、报表等。

（3）支持通过中枢平台数据集、API 进行数据绑定。

（4）提供丰富的数字驾驶舱、大屏模板库，支持风格一键切换。

（5）内置权限标签，设计器通过标签来支持指标权限、数据权限。

（四）数据治理

中枢系统的数据治理模块帮助平台管理者进行城市级的数据治理工作，如图 5.7 所示。为便于平台管理者和数据管理者了解数据是否符合治理标准，需要用户了解新接入的业务系统是否符合数据标准，对标准化程度进行评估。同时，整个数据资源平台需要沉淀已标准化的各领域模型和规则，供管理和落地。通过数据治理模块，可以了解实际数据的接入、运行在整个标准下的治理程度到了什么阶段，

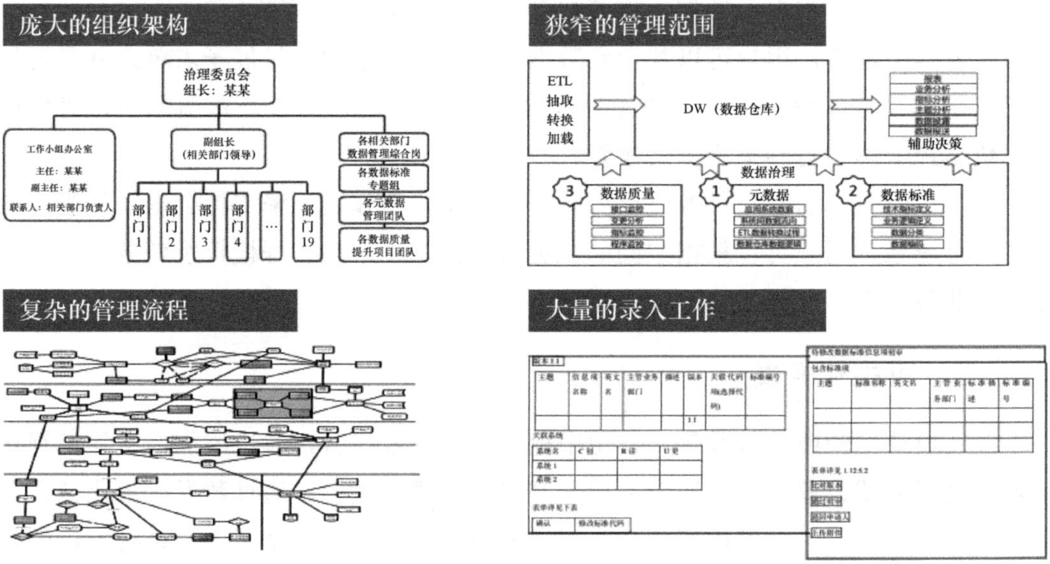

图 5.7　中枢系统的数据治理模块

并提供量化成熟度指标进行评估。数据治理服务提供全面高效的数据资产管控环境、统一的数据交换监控、数据标准管理、数据模型管理、元数据管理、质量管理和成本管理，以及多维度数据价值链路展现功能，实现数据集中、标准、可评估，为智能数据和应用提供干净可靠的数据。

（五）数据质量

数据质量管理是城市大脑数据建设中的关键支撑流程之一，业务重点的变化、业务整合战略与合作等都对 IT 职能提出了更高要求，包括整合数据源、创建一致的数据副本、交互提供数据或整合数据。整体保持及时性、一致性、完整性、准确性的目标需要通过数据质量管理来支撑，同时通过边缘计算、人工智能等实现数据质量的自动巡检，实现系统化的数据质量管理。

从城市大脑可持续发展层面来看，数据质量管理也是一个持续的过程，因此需要为满足业务需求的数据质量标准制定规格参数，并且保证数据质量满足这些标准。目前，配置了专门的专家团队来支撑这项业务的发展。

数据质量管理模块是基于城市大脑中枢系统和区块链技术，对城市大脑的核心资源数据进行数据质量技术检查的模块，它构建了基于数据质量的专家审校体系，具有提高和保障城市大脑数据管理的能力。

1. 主要的功能模块

数据质量管理模块的功能模块如下所示。

（1）基础信息模块。该模块的作用包括接口数据稽查、关键指标稽查、指标区间定义等。

（2）技术检查模块。该模块具体包括构建接口数据异常检查、数据一致性检查、数据关系健全性检查、实体数据检查、数据链路检查等子模块。

（3）分析检查模块。该模块的作用是进行数据模型变更信息图、数据指标出数过程运行图、指标一致性分析、指标运算关系图、数据血缘、数据模型相似图等分析，对数据设计巡检机器人，实现了动态巡检。

（4）管理功能模块。该模块的作用是实现数据告警处理、数据问题反馈、数据修复入库、数据质量管理库、数据质量定期检查报告等管理性功能。

2. 接口数据的检查及解决方式

接口数据是中枢系统数据的主要源头，接口数据质量问题的改进是中枢系统服务数据达到较高数据质量的最基本要求。

接口数据质量管理主要通过数据处理的日志记录来对接口的数据质量进行评估。对于接口的数据，主要从接口的完整性、正确性和合理性等方面进行检查，系统从调用接口的时间、数据量、入库是否异常等角度进行分析，主要参数包括传送完整率、记录合法率、传送及时率和加载正确率。

接口数据异常主要表现在接口数据与源系统数据的不一致、接口数据抽取不及时等方面。与源系统的数据不一致具体表现在文件数量不一致、记录长度不一致、文件大小不一致、处理时间不一致、取数时间点不一致、数据结构不一致、编码转换规则不一致等方面。接口数据抽取不及时具体表现在接口文件生成不及时、接口文件抽取不及时等方面。图 5.8 中显示了数据接口。

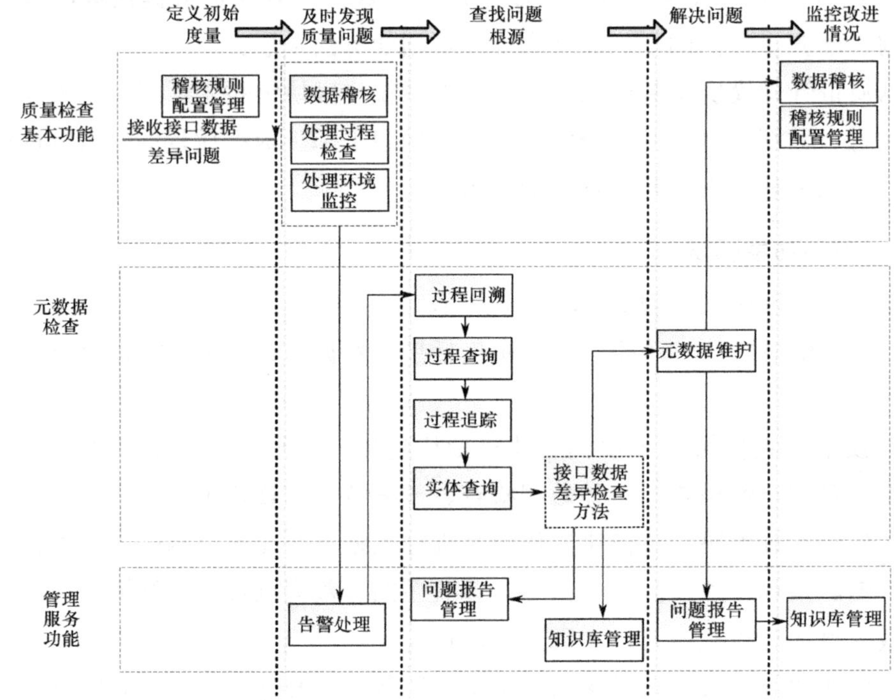

图 5.8 数据接口

复习思考题

5.1　中枢系统的含义是什么？

5.2　中枢系统的总体架构是怎样的？

5.3　中枢系统的应用场景有哪些？

5.4　中枢系统的安全机制是如何建立的？

5.5　中枢系统的子系统是如何构成的？

第六章

数字驾驶舱

学习目标

- 了解数字驾驶舱的含义
- 了解数字驾驶舱的组成
- 了解数字驾驶舱的产品架构
- 具体说明数字驾驶舱的功能
- 明白驾驶舱的重要性

第一节　数字驾驶舱的含义

一、含义

城市大脑的数字驾驶舱（Digital Cockpit）是指依托于中枢系统连接城市数据信息的各类终端，实时感知城市的状态，实现数字化态势感知、预警预测、指挥决策的综合信息系统。

数字驾驶舱一般包括指标管理体系、数据采集体系、组织用户体系、驾驶舱权限体系、预警预测体系、决策支持体系、算法体系等功能。

数字驾驶舱不是一个新概念。在传统的部门级信息化中，已有这一提法。对城市级驾驶舱来说，要实现跨部门、跨数据库、跨云、跨网的数据协同计算，就会面临新的技术挑战。城市大脑的数字驾驶舱实现了这个功能，为城市管理者提供了一个真正用于管理的平台，它采用大屏的方式直观地显示各项指标数据，并且可以对指标数据逐层细化、深化分析。

城市大脑的数字驾驶舱在传统数字驾驶舱的基础上有了本质的提升，其核心功能是基于中枢系统实现的数据计算能力（以下有时也称算力），主要特点如下。

（1）数字驾驶舱实现了跨部门的数据计算协同。数字驾驶舱可以即时了解城市的各项指标，某项数据出现异常时可以及时预警。数字驾驶舱解决了信息系统建设各自为政的问题，通过数据的跨部门调取、数据及时预警，使得城市管理的盲点大大减少，也使得政府可以更全面地服务于民众，保证城市的稳定运行。

（2）数字驾驶舱通过中枢系统赋能提升了计算能力。中枢系统为算力提供支撑，可以直观地显示城市的关键数据指标，可以即时地对城市进行全局分析，进而为城市管理者提供方向性决策，也使得便民服务更加精细。因此，数字驾驶舱可以为城市的运营提供重要支持，可以不断地完善社会治理，推动城市的可持续发展。

二、数字驾驶舱的应用

数字驾驶舱依托于中枢系统，是城市管理者（企事业单位）的日常管理工具。数字驾驶舱可以为城市的各级管理者提供“千人千面”的管理平台。目前，驾驶舱分为市级平台驾驶舱、部门驾驶舱、区县平台驾驶舱和街道驾驶舱。

作为面向各级政府和部门的数字化管理工具，数字驾驶舱为城市管理者提供了数据化、在线化、智能化的城市管理服务平台。依托于城市大脑中枢系统的算力支撑，数据传递不再“逐级报送”，数字驾驶舱可以打通、融合、计算各部门、各层级的城市运行数据，实现横向贯通、纵向比较、在线监控和智能预警，为城市管理者提供较为科学精准的决策参考，是各级各部门城市治理的“分析仪”“扫描仪”和“指南针”。

在使用层面，数字驾驶舱推出了大屏版、电脑版和移动版，全面支撑移动办公。“一部手机治理一个城市”将变成可能。同时，数字驾驶舱还能够根据不同的岗位、级别，严格区分权限，呈现个性化界面和内容，最大限度地保护数据安全。

图 6.1 中显示了城市级驾驶舱（五位一体）的界面。

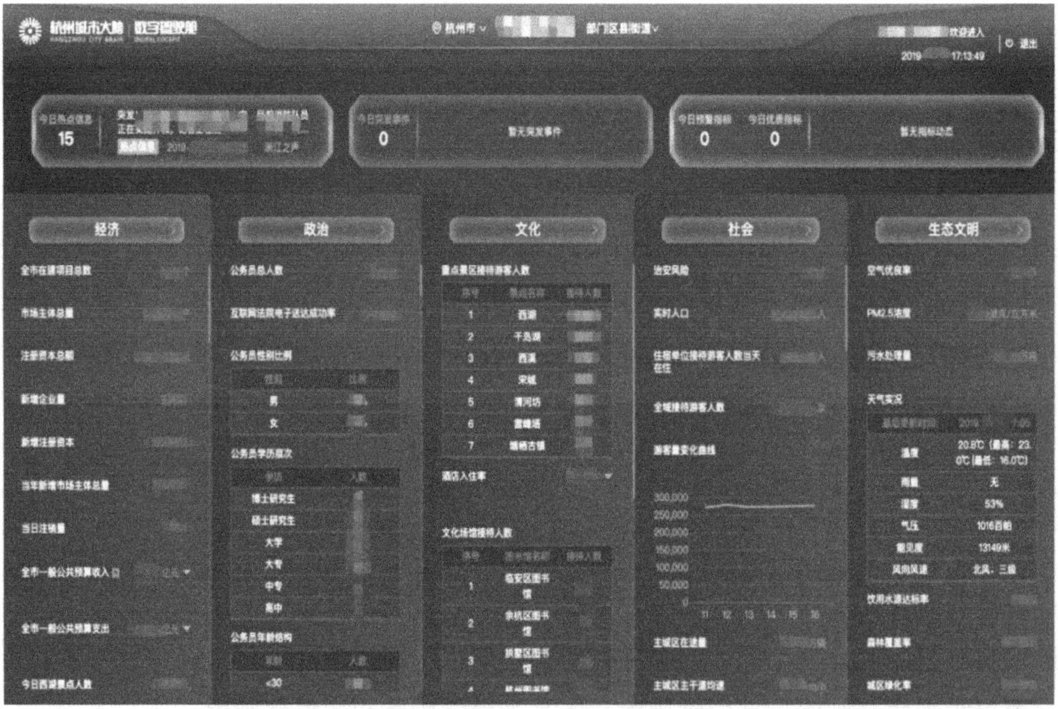

图 6.1　城市级驾驶舱（五位一体）的界面

图 6.2 中显示了数字驾驶舱——移动端的界面。

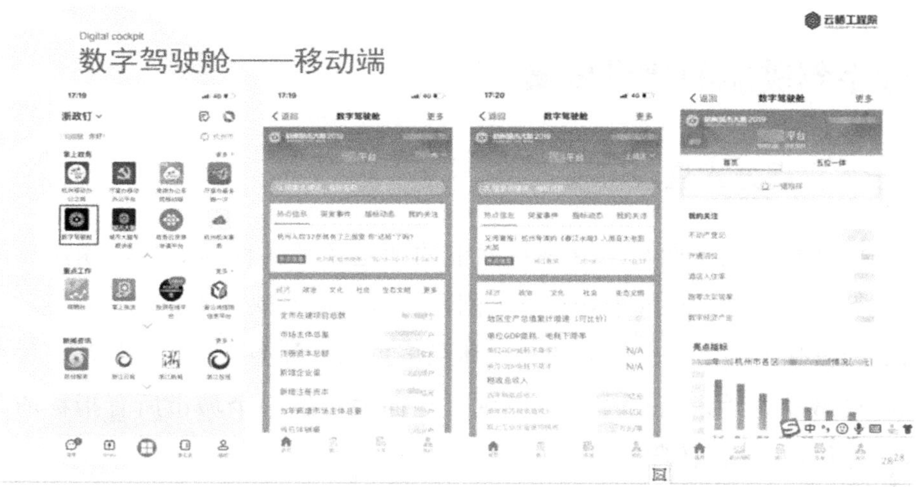

图 6.2　数字驾驶舱——移动端的界面

三、数字驾驶舱的技术架构

数字驾驶舱以城市大脑中枢系统为支撑，技术上通常需要具有指标管理体系、权限体系、驾驶舱模板、可视化开发、规则引擎等功能模块，在承载驾驶舱的同时需要有电脑、大屏、移动端。移动端可以自行开发 APP，也可以集成到钉钉等第三方移动办公系统。数字驾驶舱的技术架构如图 6.3 所示。

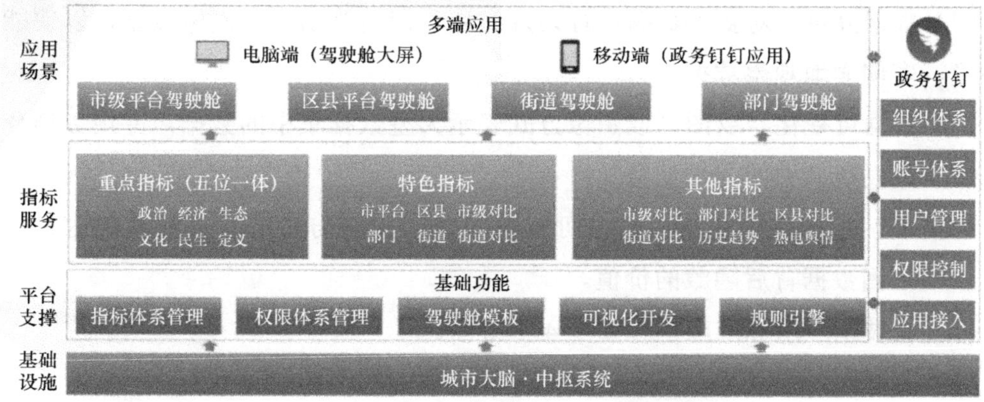

图 6.3　数字驾驶舱的技术架构

四、数字驾驶舱的建设要素

（一）实现方式直观可视

进入数字驾驶舱页面后，展现在面前的就是各种各样的数据，涵盖政治、经济、文化等各个方面。与汽车驾驶舱不同，这些数据反映的不是汽车性能和油量情况，而是涵盖整个城市或区县的各种具体经济指标、社会指标，如经济、民生、交通等领域的数据，管理者能够更加直观、全面地了解整个城市所有指标的具体情况，进而方便、快速地作出决策。

数据可视化是关于数据视觉表现形式的科学技术研究。可视化技术是利用计算机图形学和图像处理技术，将数据转换为图形或图像形式显示到屏幕上，并且进行交互处理的理论、方法和技术。它涉及计算机视觉、图像处理、计算机辅助设计、计算机图形学等多个领域，是一种研究数据展示、数据处理、决策分析等问题的综合技术。

数据可视化包含如下几个方面。

（1）数据空间。由 n 维属性、m 个元素组成的数据集所构成的多维信息空间。

（2）数据开发。利用一定的工具及算法对数据进行定量推演及计算。

（3）数据分析。对多维数据进行切片、块、旋转等动作来剖析数据，以便能够多角度、多侧面地观察数据。

（4）数据可视化。以图形或图像方式表示大型数据集中的数据，并用数据分析和开发工具发现其中的未知信息。

为实现信息的有效传达，数据可视化应兼顾美学与功能，直观地传达关键特征，以便挖掘数据背后隐藏的价值。

可视化技术应用标准应包含如下 4 个方面。

（1）直观性。将数据直观、形象地呈现出来。

（2）关联性。突出地呈现出数据之间的关联性。

（3）艺术性。使数据的呈现更具艺术性，更符合审美规则。

（4）交互性。实现用户与数据的交互，方便用户控制数据。

（二）操作方式便捷灵活

数字驾驶舱可以灵活配置，即可根据各市、各区的情况和需要，选择合适的数据指标来显示想要了解的具体指标。数字驾驶舱实现了一个数据反映多种指标的目的。

数字驾驶舱可以使用第三方应用的入口，在移动端可以免登录而直接进入驾驶舱；在电脑端、大屏端可以通过扫码登录驾驶舱系统。除了大屏端，移动端也可以很好地展示，能够随时、随地了解到各方面的具体数据情况。

驾驶舱要有好的驾驶感，因此操作方式一定要便捷灵活。设计驾驶舱时，不一定要过度追求美观，而要把便于操作作为要务。

（三）指标体系全面多维

数字驾驶舱充分考虑了城市的多个发展方向，可供城市管理者更加全面、更加具体、更加有效、更加快速地对城市的发展进行决策。

数字驾驶舱真正实现了多用户的不同权限的不同操作，每个有权限的用户都能够根据自己所在的市级或区县配置指标，从而能让每个用户都查看到自己关心的经济指标、民生指标、社会指标等数据。

（四）数据感知实时动态

数字驾驶舱显示的各项数据指标实时在线更新，通过采集各环节的数据，掌握工作效能，形成数据分析报告，城市管理者可以实时地掌握城市动态，可以更加快速地作出应对决策，从而在城市运营、远期规划中发挥重要作用。

第二节　数字驾驶舱的功能体系

数字驾驶舱的功能体系一般包括指标管理体系、数据采集体系、组织用户体系、驾驶舱权限体系、预警预测体系、决策支持体系、算法体系，下面介绍其中的几种体系。

一、指标管理体系

指标管理体系是数字驾驶舱的基础，其作用是为驾驶舱提供指标数据支撑。它通过详尽的指标体系实时反映整个城市的运行状态，可将采集的数据形象化、直观化、具体化。

指标管理体系包括维度管理、指标管理、指标授权及审批、指标分类管理、关键指标质量管理。具体内容将在第三节中详细介绍。

二、数据采集体系

数据是驾驶舱的根本。城市级的数字驾驶舱需要从多个部门调用不同的数据，实现跨部门的动态协同计算，技术要求较高，因此数字驾驶舱和中枢系统是最佳搭档，离开了中枢系统，数字驾驶舱的数据就不新鲜，不利于决策。因此，城市级数字驾驶舱本质上离不开中枢系统。无论是传统的数据中台还是数据高铁之类的技术，都无法从根本上解决数据实时传输的问题。

数字驾驶舱的数据主要通过中枢系统提供。首先对原始数据进行分析和处理，形成可以呈现的 API 数据和指数，然后将数据注册到中枢系统，驾驶舱界面即可实时调用。也可申请获取其他部门的数据，通过数据碰撞，深化数字驾驶舱的应用。

三、组织用户体系

数字驾驶舱需要具备完整的用户组织体系，可以根据实际情况使用组织及用户管理功能建立用户体系。

数字驾驶舱要实现完整的组织用户体系，这些组织用户体系要按照各自的职能施行管理（驾驶）功能，数字驾驶舱需要和组织用户结合，形成一套多层级、多功能、可配置的管理指挥调度体系。

四、驾驶舱权限体系

数字驾驶舱支持细化到指标粒度的权限控制，如细化到街道级的数据权限控制，以确保数据安全，同时针对不同的人员实现“千人千面”的页面呈现。

在数字驾驶舱权限体系中包含 4 种类型的权限。

（1）驾驶舱权限。控制用户是否可以访问某个驾驶舱。

（2）指标权限。控制用户是否可以访问某个指标。

（3）数据权限。控制用户是否可以访问某个维度的指标数据。

（4）功能权限。控制用户是否可以访问某个功能，如任务下达功能。

五、决策支持体系

数字驾驶舱可以根据指标的历史数据、同类城市指标的历史数据，自动生成相应的决策报告。

决策报告的作用类似于智库，它通过历史数据的沉淀和分析，为管理者在系统性问题上提供数据分析报告，进而为决策提供依据。数据支撑决策，特别是大型公共事务决策是城市大脑的重要目标。因此，城市大脑基于驾驶舱要能构建完整的决策体系，形成决策报告。

第三节 数字驾驶舱的指标管理体系

指标管理体系是数字驾驶舱的基础，其作用是为驾驶舱提供指标数据支撑。通过中枢系统，可以申请其他部门的指标数据。

一、维度管理

维度管理的主要功能是对指标涉及的维度进行标准化。维度管理功能包括维度管理、维度分类管理、自定义维度（作用域为某个接入方）和维度映射。

（1）维度管理。城市的运行、发展可以从多个维度来进行管理，相关平台运营人员可以新增、修改、作废维度。维度管理支持多层次维度（如地区），可以定义为维度互斥关系。

（2）维度分类管理。维度管理功能支持对维度进行分类，基于不同的分类方法，每个维度可以属于多个分类。

（3）自定义维度。接入方在填报指标时，如果缺失某个维度，那么可以提交自定义维度。自定义维度的作用域仅限于该接入方，平台运营人员可以看到所有的自定义维度，并且可以通过定义标准维度来与接入方的自定义维度进行映射，进而满足跨部门调用的需求。

（4）维度映射。通过比较驾驶舱的标准维度与接入方的自定义维度，可以找出标准维度与接入方的自定义维度之间的差异，进而满足不同接入方的调用需求。

二、指标管理

指标管理主要由基础指标管理、复合指标管理、指标授权及审批、指标分类管理、关键指标质量管理模块组成。指标管理的部分模块如图 6.4 所示。

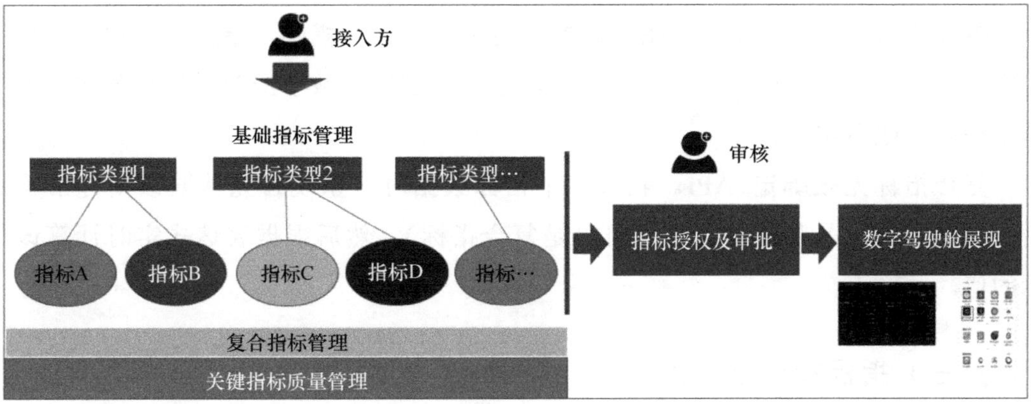

图 6.4　指标管理的部分模块

（一）基础指标管理

接入方（包括部门、区县、街道）可以根据自身的特点填写指标信息，包括指标名称、指标分类（五位一体）、指标说明、指标计算规则、维度信息、显示类型、精度、单位信息、数据更新频率等。

指标填报完成后，需要关联 API（为指标提供数据）。关联完成后，可通过指标“代码”获取指标数据。

所有指标 API 都需要支持地区、时间维度参数，以便获得不同地区、不同时间维度（或时间段、多个时间维度）的数据。

所有指标的默认显示方式都为“数字+单位”。根据指标显示类型、精度的不同，可对数字进行不同的格式化。例如，金额类指标用符号“，”分隔，百分比类指标用符号“%”结尾。

（二）复合指标管理

接入方的指标管理员、平台运营人员可以根据现有的指标（接入方的指标范围是自己的指标或已获得授权的指标，平台运营人员的指标范围是全部指标），组合出新指标。

组合新指标时，需要定义指标基本信息和指标计算规则，指标计算规则支持运算符、括号、逻辑运算符和比较运算符，也支持常用的数学函数。计算公式的返回结果是数字或布尔值。

复合指标无须绑定 API。获取某个指标数据时，系统首先获取该指标依赖的指标数值（可以是基础指标，也可以是复合指标），然后根据表达式实时计算该指标的值。

（三）指标授权及审批

接入方需要使用其他部门的指标时，可以通过接入方管理平台发起指标授权操作。申请授权时，需要在维度上指定数据权限（行级别权限），所有的指标授权都需要由提供方、平台（数据资源局）审批。

（四）指标分类管理

通过指标分类管理功能，平台运营人员可以按照不同的分类方法对指标进行分类。指标分类支持多级分类，基于不同的分类方法，一个指标可以同时对应多个分类。

（五）关键指标质量管理

关键指标数据质量直接体现在各种类型的应用上，同时也是问题的主要“发源地”。因此，它们的质量管理就显得尤为重要，不仅是自身指标正确性的需要，也是数据质量的需要。许多问题、错误只有在这里放大后才能被发现。

按处理逻辑角度，指标检查分为 4 种方式，如图 6.5 所示。

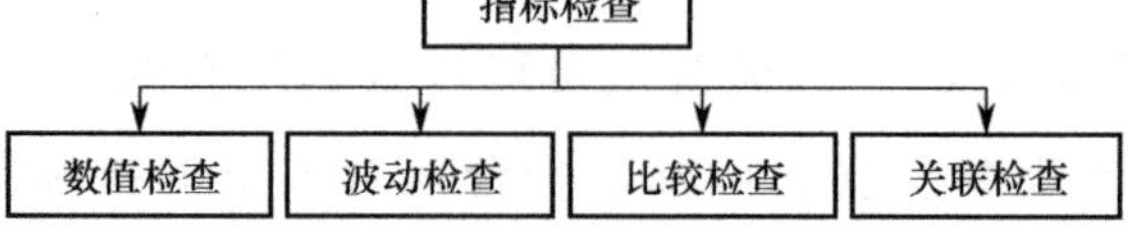

图 6.5　指标检查的 4 种方式

1. 数值检查

数值检查是指标质量检查中最常用的检查，它主要通过对单个指标值的监控来发现数据的异常、突变等情况，原理是比较指标与阈值上下限。

适用范围：主要适用于变化趋势平稳的业务关键指标，对于波动变化较大的业务数据，不建议采用此方法检查。

2. 波动检查

波动检查通过观察单个指标值在某段时间内的数值变化情况来检查数据的波动、变化情况。

系统内的指标分为月指标和日指标。月指标支持与上月的指标进行比较，日指标可与前日、上周、上月进行波动比较，具体比较的指标在不同周期之间的增减幅度与阈值上下限。阈值上下限在数值检查中是一个数值区间，一般在-1 和 1 之间取值。

适用范围：主要业务关键指标。

3. 比较检查

比较检查通过对若干指标值进行简单的四则运算（加、减、乘、除）来检验各个指标之间潜在的平衡或其他关系。在简单的四则运算中，可以代入常量进行运算，支持括号。原理是“左比较项”等于“右比较项”。

适用范围：需要进行相关性检查的指标。

4. 关联检查

指标检查发现的问题基本上都是应用层面上的问题。为快速定位问题，避免出现重复告警，可将指标的检查与接口/仓库部分的检查/稽核关联起来，以便检查发现某个指标出现异常时，能够一并显示关联接口、仓库部分的异常信息，为维护人员提供了参考意见。

第四节　数字驾驶舱的发展形态

从字面意义来看，城市大脑的数字驾驶舱是指用数字技术来驾驶一座城市，其中的数字是技术载体，驾驶是终极目标。在实际使用过程中，许多人错误地认为驾驶舱就是大屏，这是根本性的误区。纵观数字驾驶舱的发展，当前的数字驾驶舱确实还处于发展初期，驾驶感不明显，特别是城市级的驾驶舱，需要多部门的数据实时协同计算才能达到指挥的目的。从驾驶舱的技术和目标来看，数字驾驶舱的发展阶段如下。

一、态势感知

在数字驾驶舱的发展前期，驾驶舱主要提供数字化服务，主要表现在可视化功能上。各级政府和部门通过梳理自身的业务和数据，形成一系列可以呈现的数据和指数，并且通过驾驶舱技术进行呈现，方便驾驶员了解整体运作情况，进而从全局视角提升对业务、安全威胁等的发现识别、理解分析、响应处置能力。因此，对驾驶员的技术和业务能力有非常高的要求。

二、预警预测

在已有的数字驾驶舱基础上，通过不断地实践和探索，通过规则的制定及指数的完善，慢慢形成数字驾驶舱的预警预测板块，使各级政府和部门在业务、治理、安全等方面能及时发现问题，进一步提升驾驶员的驾驶体验感，进而在城市大脑中能有效地了解整个城市的运作，及时发现问题和纠正问题。

三、仿真模拟

通过数字驾驶舱的迭代升级，可让城市的运转模式、健康状况、资源力量等以“仪表盘”的形式呈现在管理者面前。为了进一步提升驾驶舱的实战功能，通过仿真模拟可以进一步完善数字驾驶舱的操作能力，即提供“方向盘”功能，将数字驾驶舱与部门业务指令系统进行链接，可以下达指令和调度资源。

仿真模拟是指基于历史常态和常规指标（变量），根据预期，对中间变量作出调整，进而实现预期目标。基于数据的仿真模拟已广泛应用于金融、电商等领域。显然，政府决策的仿真模拟难度更大，要求更高，但价值也会更大。

例如，模拟宏观经济的发展时，需要调整宏观经济中的财政补助变量和税务变量，对预期的经济发展作出评估，并且基于该评估得出积极财政政策杠杆的比例。

也可采用类似的方法对民生保障、社保资金等的投入力度进行评估。

复习思考题

6.1　什么是数字驾驶舱？

6.2　数字驾驶舱由哪些内容组成？

6.3　数字驾驶舱有哪些功能？

6.4　数字驾驶舱的架构是怎样的？

6.5　数字驾驶舱的功能是怎样表现的？

第七章

场　景

学习目标

- 了解场景的含义
- 了解场景的理论基础
- 理解场景的技术特点
- 掌握场景建设的方法论
- 了解应用场景案例

第一节　什么是场景

城市大脑的场景（Scenario）是一个特定的称谓，是指依托于中枢系统，以具体的便民惠企为目标事件驱动，协同部门（区县）间的业务系统及业务数据，通过线上业务连接和数据协同计算，进而简化、优化线下流程，达到便民惠企、决策优化的综合信息系统。

场景和应用最大的区别是，场景往往需要跨部门协同解决一个具体问题，而应用只需要单个部门解决问题。应用或者应用模块是电子政务领域中非常通用的称谓，场景则是城市大脑跨部门数据协同计算后形成的特定的新概念。

第二节　场景的理论基础

场景在本书中特指城市大脑跨部门协同计算后，解决便民惠企的应用模块。在场景的实际建设过程中，系统论、控制论、信息论和流程再造理论是其理论基础。下面简要介绍这些理论。

一、理论基础概述

（一）系统论

系统论运用等级结构、逻辑同构、完整性、集中性、终极性等内容，探究一个适用于所有复杂系统或其下子系统的原则、模式和规律，进而试图用数学语言对其结构和功能进行描述。

系统要求其内部的整体与局部、局部与局部、整体与外部环境之间要有逻辑关系。系统具有整体性、目的性和动态性三个基本特征。系统论思维就是把所研究的事物视为一个整体或体系来考察。

“系统”一词源于古希腊语，意为部分组成整体。学者从不同的角度研究了系统，并给出了几十种关于系统的定义。例如，“系统是诸元素及其顺常行为的给定集合”“系统是有联系的物质和过程的集合”“系统是有组织的和被组织化的全体”，“系统是许多要素保持有机的秩序，向同一目的行动的东西”等。人们普遍接受的定义是“由若干要素以一定结构形式联结构成的具有某种功能的有机整体”。这个定义包含了系统、要素、结构、功能 4 个概念，体现了要素与要素之间、要素与系统之间、系统与环境之间的关系。

系统的思想由来已久。然而，作为一门科学的系统论，人们公认它由美籍奥地利生物学家贝塔朗菲（L. Von. Bertalanffy）创立。贝塔朗菲在 1932 年发表了“抗体系统论”一文，提出了系统论的思想。1937 年，他又提出了一般系统论原理，从而奠定了这门科学的理论基础。不过，他研究系统论的论文“关于一般系统论”直到1945年才公开发表，他创立的系统论理论直到1948年在美国讲授“一般系统论”时才引起学术界的重视。1968年，贝塔朗菲发表了研究系统论的专著《一般系统理论基础、发展和应用》，确立了这门科学的学术地位。这本书也被学术界公认为系统论的代表作。

当然，贝塔朗菲自己也承认，他提出的系统论思想受到了卡尔·马克思的巨作《资本论》的影响和启发。

系统可以根据不同的分类标准来划分。例如，按照人类对自然的干预情况，系统可以划分为自然系统、人工系统；按照系统的学科领域，系统可以划分为自然系统、社会系统和思维系统；按照系统的范围，系统可以划分为宏观系统、微观系统；按照系统与环境的关系，系统可以划分为开放系统、封闭系统和孤立系统；按照状态，系统可以划分为平衡系统、非平衡系统、近平衡系统和远平衡系统等。此外，还有大系统、小系统的相对区别。

系统论在场景建设过程中表现得比较突出，因此需要全面梳理系统、要素、结构、功能的各个领域。

（二）控制论

1948年，诺伯特·维纳出版了《控制论——关于在动物和机器中控制和通信的科学》一书，这标志着一门新学科——控制论的诞生。从此，控制论的思想和方法逐步影响到几乎所有的自然科学和社会科学领域。

控制论通过黑箱系统的辩识与功能模拟仿真等方法，借助信息、反馈等功能，研究系统的状态、功能和行为，调节和控制系统，进而稳定地、最优地达成目标。控制论充分体现了现代科学整体化和综合化的发展走向，是研究动物（包括人类）和机器内部的控制与通信的一般规律的学科，它着重研究这种规律过程中的数学关系。控制论是涉及控制工程学、人类工程学、通信工程学、计算机工程学、神经生理学、一般生理学、数学、心理学、逻辑学、社会学等学科的交叉性学科。

事实上，早在 1834 年，法国著名物理学家安培就写过论述科学哲理的文章。在进行科学分类时，他将管理国家的科学称为“控制论”。维纳发明的“控制论”一词受到了安培等人的启发。

在控制论中，控制是为“改变”某个或某些受控对象的功能或发展，需要获得并使用某种信息，以这种信息为基础而选出的于该对象上的作用，就称为控制。因此，控制的产生是因为有信息为基础，一切信息传递都是为了控制，而任何控制又有赖于信息的反馈来实现。信息与控制是密不可分的。

信息反馈是控制论中的一个极其重要的概念。通俗地说，信息反馈是指由控制系统把信息输送出去，又将其作用结果返送回来，并对信息的再输出发生影响，起到制约的作用，进而达到预定的目的。

控制论是城市大脑智能化的基本支撑。信息的接收、反馈具体表现为数据的采集、展现、指挥协同和评估评价，它们都需要有控制论来支撑场景建设。

（三）信息论

信息与控制密不可分凸显了信息的重要性。

所谓信息论，是指以通信系统的模型为对象，以概率论和数理统计为工具，从量的方面对信息的传输和提取等问题进行描述。目前，信息论的研究领域已扩展到机器、生物和社会等系统领域，已发展成为一门专门运用数学方法来研究如何计量、提取、变换、传递、存储和控制各种系统信息的一般规律的科学。

信息论的创始人是美国贝尔电话研究所的数学家香农（C. E. Shannon）。香农为了解决通信技术中的信息编码问题，将发射信息和接收信息作为一个整体——通信过程来研究，提出了通信系统的一般模型；同时，建立了信息量的统计公式，奠定了信息论的理论基础。1948 年，香农发表的论文“通信的数学理论”成为信息论诞生的标志。

一般来说，信息具有如下特征：可以识别；可以转换；可以传递；可以加工处理；可以多次利用（无损耗性）；可以在流通中扩充；具有主客体二重性。信息是物质相互作用的一种属性，涉及主客体双方；信息表征信源客体存在方式和运动状态的特性，所以信息具有客体性，绝对性；然而，接收者获得的信息量和价值的大小，与信宿主体的背景有关，因此信息具有主体性和相对性。信息的能动性和共享性是信息与物质和能量的主要区别。显而易见，城市大脑需要利用信息论。

（四）流程再造理论

流程再造（Reengineering）由美国学者哈默（Michael Hammer）和钱皮（Jame Champy）提出，在 20 世纪 90 年代成为极为盛行的一种管理思想。流程再造的核心思想是打破组织按职能设置部门的管理方式，而代之以业务流程为中心，并以此为依据重新设计组织管理过程，重新从整体上进行组织的作业流程再设计，以追求全局最优而非个别环节上的最优。

社会治理、城市治理就是对以往各部门条块分割的情况，借助现代科学技术手段和发达的人工智能系统，进行重新梳理，以提高公共管理效率。

流程再造理论是场景的重要支撑理论之一，大多数场景都需要在传统基础上基于线下和线上的流程再造，部分流程可以只以线上的方式出现，部分流程则以线上和线下的方式出现。

二、场景的技术特点

基于上面的理论基础，场景在技术方面有三个特点：一是以某个具体的事件为核心要素；二是需要协同多个数据源；三是业务流程再造。

（一）以某个具体的事件为核心要素

根据公共管理部门的管理难点和市民的需求，解决具体症结。难点可能是一个管理节点，也可能是某个业务系列中的一部分。

每个城市存在的问题和待解决的问题都是不同的。因此，事件驱动包括两个方面：一是从群众的诉求入手，通过群众诉求来倒逼管理改革；二是以“放管服”改革为驱动，以精简流程、优化流程为基本要求。

当然，事件流程是否合理、是否好，需要通过实践来检验。

（二）需要协同多个数据源

根据上面介绍的理论，任何一个节点或业务系列中的一部分都不是孤立存在的，这就要求协同多个数据源。一般来说，政府管理部门的信息化系统项目有很多，因此容易形成一个个数据孤岛，造成部门间的数据不流通而无法共享，甚至造成同一个部门内部的不同业务线也不相通。因此，需要打破数据壁垒，建设大数据平台来协同多个数据源。

城市大脑的场景与应用的不同之处是，场景需要协同多个部门和多个数据源，而应用只需要单个部门通过内部垂直业务就能完成。随着城市信息化深入到城市大脑的发展阶段，场景的数量和质量已成为城市大脑优劣的重要判断依据。

（三）业务流程再造

场景建设并不是指简单地推翻以前的做法，而是指以新思维、新视角，运用新的信息管理系统集成公共管理数字化系统。

流程再造过程需要遵循“放管服”的改革规则。例如，在数字政府的改革过程中，“最多跑一次”就是一个业务流程再造的重要案例。

第三节　场景的建设

场景建设是一个复杂的系统工程，建设结果的好坏会直接影响到城市大脑的运行。因此，场景建设要有建设方法论，即要有标准化建设的流程或步骤。

一、场景建设的方法论

场景建设的实践经验表明需要具有普遍意义的做法。从技术角度来看，需要有一套相对完整的方法论来指导场景建设，主要包括如下步骤。

（一）调研工作

场景的开发需要充分调研驾驶端和乘客端的需求，既要充分了解市民和游客的需求，又要了解驾驶端的管理需求，并且要深入了现有的政策和文件。例如，哪些设计在制度上具有改进空间，哪些设计需要明确地遵守法律和法规。在场景设计过程中，核心是需求导向。

调研工作需要认真地梳理现有的管理体系、管理文件，并且需要系统地梳理群众的诉求，对群众反映较多的事件，应优先考虑并解决。调研工作切忌部门拍脑袋决策，而应充分考虑群众的诉求和问题导向。

（二）系统和数据梳理阶段

基于现有的行政和事务体系，梳理各个部门现有的业务系统及拥有的数据，分别形成系统表格和数据表格。在具体的操作过程中，可能需要分析系统和数据的来源。例如，对于停车场景，需要摸清停车场的数量；对于交通场景，需要数清楚马路上的车的数量。此时，往往需要对多数据进行融合计算。

（三）流程梳理阶段

收集现有系统、数据的业务流程情况，结合已经调研的文件，对涉及场景的原有流程进行系统梳理。

要基于现有的流程，梳理工作事项、工作流程和工作目标，以及已有的信息系统和数据等。

（四）数字驾驶舱 DEMO

要以问题为导向，从群众和城市管理者两个角度系统地梳理解决问题的最佳路径。数字驾驶舱同时预设结果及预设以结果导向的相关指标性数据，形成城市管理者关注的驾驶舱 DEMO，进而倒逼相关政府部门改革流程并设立业务机制。

（五）流程定义和再造

基于现有的流程，按照数据协同、信息互通的原则，实现流程再造。以预设的问题和结果为导向，通过中枢系统实现流程简化、优化等目标。

（六）业务模型和数学模型

完成业务定义和再造后，需要通过系统论、控制论重新梳理业务模型和数学模型，并以流程为导向系统地梳理业务模型和数学模型，完成后续数字界面和驾驶舱的开发。

（七）评价机制设计

场景的优劣需要一整套机制来评价，场景不能凭空想出，而需要在运营过程中不断地迭代优化。在运营过程中，需要形成系统的评价机制。基于城市大脑的场景，在数字界面中预设各种技术埋点，收集用户在各个业务流程节点的行为数据，最终集成到驾驶舱。与此同时，需要形成一套场景评价机制，系统地判断场景的运营情况。

（八）整体集成研发

完成上述工作后，就进入系统的开发阶段，如场景需要集成什么样的 APP 或小程序，需要具有什么样的后台管理及驾驶舱体系，需要预设哪些埋点来优化运营并评价使用情况。开发阶段结束后，就进入系统的整体集成研发阶段。图 7.1 中显示了场景建设方法论。

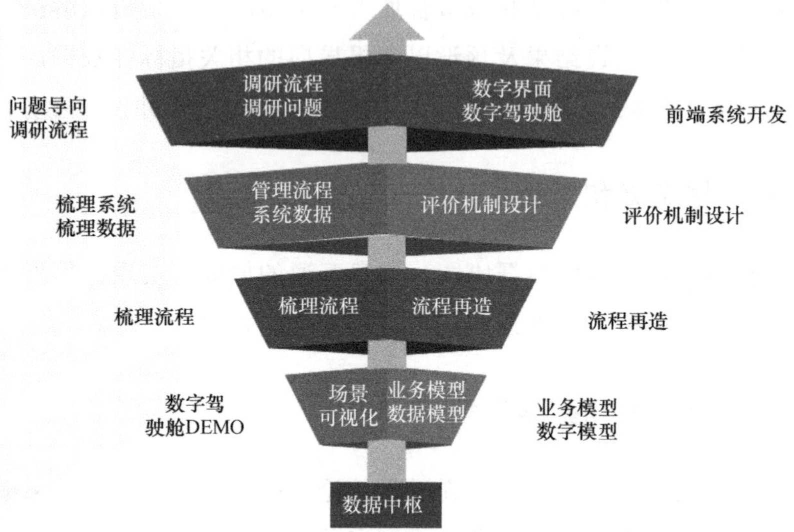

图 7.1　场景建设方法论

二、场景案例

杭州市已在智能交通、便捷泊车、舒心就医、30 秒酒店入住、20 秒景点入园、数字旅游专线、应急防汛、叶菜基地管理、食安慧眼、电梯智管、易租房、智慧环保杭州等 11 个重点领域推出了诸多场景建设，部分新场景也已经进入试点和推广阶段。

（一）停车“先离场后付费”

近年来，杭州“城市大脑·停车系统”专班为给市民提供停车便利，按照“便捷泊车”的核心宗旨，专门开发了首个便民服务——“便捷泊车·先离场后付费”服务。“先离场后付费”服务经过重新设计后，车主在离开停车场时不需要做任何事情就可快速通过，与传统的停车付费模式相比，大大节省了车主的离场时间。同时，在“先离场后付费”服务中，车主只需绑定一次就可实现全城通停，为市民提供了“全市一个停车场”的非凡体验。目前，“先离场后付费”服务支持支付宝和银联支付方式，今后将增加微信、市民卡等支付方式。

目前，“先离场后付费”服务在西湖景区、上城、下城、拱墅、江干、滨江、钱塘、余杭等区域实现了覆盖，主要包括各城区的商业综合体、医院等大型停车场，如上城区的湖滨银泰、下城区的嘉里中心、江干区的杭州大厦 501 城市广场等。目前，系统已开通场库 1859 个，覆盖泊位 263637 个。同时，停车专班正在积极深入推进抬杆工作，计划在政府投资的 75 个停车场试点率先落实抬杆，以便在保证量的基础上加速质的提升。

杭州“城市大脑·停车系统”专班将会推出无杆出入、违停提醒、停车数据全接入等服务，在泊车支付环节之外为市民提供更多的便利。此外，还会让广大市民在停车时享受预定停车位、室内引导寻车、缴费不排队等服务，真正实现停车无忧的设计目标。目前，这几项功能已在云栖小镇实现。云栖小镇全域 22 个停车场共 6495 个停车位可以通过计算，在全域范围内实现停车位的实时调度。驾驶人员来到云栖小镇并将车停在路边后，短短几分钟内就会收到一条提示短信。短信会像一名亲切的当地人那样，告诉驾驶人员这里有违停拍照，需要赶紧驶离；同时会推荐附近有空余车位的停车场，驾驶人员可以单击短信链接导航直达。这就是云栖小镇的便捷泊车场景给人们带来的便利。

“先离场后付费”场景协同了车辆管理部门的数据和金融部门的数据（支付），这些信息的集成优化了停车流程，简化了管理流程，达到了预设的效果和目标。

同时，该流程在运营过程中，可能存在停车损耗等问题。此时，可以通过预设的数据模型进行分析和评估，进而动态地进行优化。

（二）看病“最多付一次”

围绕让“数据多跑路，患者少跑腿”的理念，杭州市卫生健康委员会将减少付费环节作为舒心就医的切入点之一，及时推出了舒心就医“最多付一次”服务。这项服务用“一次就诊就付一次费”取代了原来的“医生诊间、自助机多次付费”。继2019年4月2日第一批次杭州市11家市属医院实行“先看病后付费”舒心就医后，全市陆续有245家公立医疗机构接入由杭州市卫生健康委员会牵头实施的“城市大脑·卫健系统”，涵盖了38家区、县（市）级公立医院，195家社区卫生服务中心和1家省级医院（省人民医院）。自2019年7月1日起，患者在以上公立医院就医时，既可以选择在就诊结束后于院内一次性自助付费，又可以选择回家后通过手机支付医药费。

该场景实现了多部门数据的协同，以优化看病流程为问题导向，最终实现的目标和载体具体清晰，达到了预设的结果和目标。

（三）旅游“多游一小时”

2019年以来，杭州市文化广电旅游局聚焦于市委主要领导关于深化城市大脑建设系列指示要求及文化旅游产业数字化转型目标，针对民众反映最多的旅游过程中的堵车、排队、等候等治理“痛点”问题，以让游客“多游一小时”为重点应用场景，推出了“10秒找空房”“20秒景点入园”“30秒酒店入住”和“数字旅游专线”四大便民服务。

“10秒找空房”特别推出的“找空房”微信小程序就是针对节假日住宿难问题，利用市场平台流量资源取得的成果之一。“找空房”微信小程序在前端空房展示平台对接8561家酒店，能够实时显示酒店的空房情况，后端库存管理系统则对接PMS、OTA等平台。游客通过小程序或者拨打旅游咨询服务电话96123，10秒内即可在附近找到基于实时定位和价格偏好计算得出的适合自己需求的空房。

“20秒景点入园”可让游客到达景点时，免去窗口排队购票环节，使用支付宝就能在闸机上扫付款码入园，整个过程不超过20秒。线上游客依靠网上预订门票时输入的相关信息，即可在线下直接扫码入园。缩减游客窗口购票环节是通过支付宝、深大智能连接中枢系统，再造数据互通服务流程实现的。数据表明，游客平均每次入园的时间由原来的 1 分半缩短到了现在的 20 秒。目前，全市已有 22 个景点的闸机完成了改造。

“30 秒酒店入住”服务通过在酒店大堂设置自助入住机，打通了酒店 PMS、公安登记、门禁、收单交易、OTA 预订、酒店直销等六大系统，经此改造后，游客自助快速办理入住和退房时只需“扫描身份、人证对比”“查找订单、确认入住”和“制作房卡”三步操作。全程自助办理时间只需要 30 秒，而过去的时间约为 270 秒，相比之下节省了约 4 分钟。此举不仅缩短了游客办理入住的排队时间，提升了游客的入住体验，而且提升了酒店前台的服务效率，并以“机器换人”节省了前台人员。目前，全市完成自助升级的酒店达到 75 家。

“数字旅游专线”服务通过与公交集团、微巴士等企业合作，利用双休日原本闲置的 1000 多辆车辆，在商业中心（如武林广场、湖滨步行街等）、火车东站，以及富阳、桐庐、建德和千岛湖等高铁站开通了直达景点及酒店的数字旅游专线。同时，通过微信小程序“杭州数字旅游专线”提供线路信息、景点资讯和在线预订等服务，使游客一站直达目的地，提高了游览转场效率。将公交运行、铁路预订、游客轨迹等各类数据汇聚到城市大脑后，经过关联分析与运算，科学地规划专线路线，动态地调度班次时间等，探索了数据匹配资源与市场化运营的旅游交通服务新模式。当前，全市范围内已开通了 22 条数字旅游专线。

（四）数字公园卡

2019 年 6 月 25 日，杭州数字公园卡全面试行。线上开卡业务是以西湖风景名胜区的原有票务系统为基础，以城市大脑的强大算力和数据为支撑，充分融合市民卡、公安数据、景区数据、支付宝数据等得以面世的。城市大脑系统能够自动同步数据，完成信息比对和身份证关联，让实体卡变身为数字卡，杭州市市民足不出户就能轻松办卡。

市民进入公园时，使用身份证、市民卡等证件均刷卡入园。目前，杭州数字公园卡可以在西湖、西溪、建德、德清的 26 个景点使用。

（五）“非浙 A 急事通”

2019 年 6 月 28 日，杭州市公安局交通警察局为方便市外群众来杭办事，专门与市生态环境局联合发布通告，推出了“非浙 A 急事通”的便民利民措施。此后，“非浙 A 急事通”模块分别在“浙里办”APP、支付宝、杭州市公安局“警察叔叔”APP 中上线，非浙 A 号牌小型客车驾乘人员可以按在线提出申请的方式生成“电子通行凭证”。“电子通行凭证”实际上是经由杭州城市大脑交通系统“在线审核”后即时生成的。

此外，城市大脑形成了入杭非浙 A 车辆的“精准画像”，对照“精准画像”就可以准确识别长期在杭、时常来杭、临时来杭等车辆的类别。精准的测算可以辅助每个自然月不超过 3 次、一个自然年内允许通行的次数不超过 12 次的通行规则制定。

（六）萧山特种车辆“一键护航”

城市大脑萧山平台“一键护航”功能的设计初衷是，在不影响社会车辆自身且不闯红灯的前提下，实现全自动绿色通道的打通，让救护车安全、顺利、快速地通过每个路口。

为给伤者赢得更多宝贵的救治时间，萧山区针对特定程度的交通事件需要派遣相应特种车辆进行现场紧急救援的状况，启动了“一键护航”。“一键护航”通过系统设置及运算，开辟了救援的交通“绿色通道”。启动“一键护航”后，平均控灯率达到 90%以上，实战救援平均提速 50%，平均节省时间 30%。

（七）“街区治理 • 停车指数”

“街区治理 • 停车指数”实现了停车资源从散点管理向系统管理的转变。主要应用于杭州市上城区市一医院周边，通过对市一医院及其周边泊位进行盘点，实时掌握空余泊位数，通过线上线下同步发力，快速知道“停哪里”，进而改变行为模式，用“软文明”取代“硬隔离”，让城市更顺畅。

（八）余杭“道路延误指数”

“道路延误指数”由余杭区政府发布。这一指数的发布不仅可让所有人了解自己所需要的当前路况，而且可让所有人通过回溯过往数据，在宏观层面上了解相比过去车是不是更好开了、路是不是更好走了。

杭州市未来科技城应用道路延误指数的主要路口共有 48 个，它们可以随时调整信号灯，智能地根据实时路况疏通各个拥堵痛点，就像在智慧大脑的控制之下那样。自那时开始，以道路延误指数为基础构建而成的智慧蓝图初具雏形。

（九）其他场景

1. 钱塘平台·智慧门禁

为破解流动人口管理难题，提升小区治安水平，钱塘新区率先推进智慧门禁建设。智慧门禁融入了更多的智慧化元素，对小区的“4”个主要出入口（外围门、楼道门、电梯门、车库门）进行了智能改造和数据接入，并且提供了“4”种不同的通行方式（人脸识别、身份证、CPU 门禁卡、手机二维码）。不同时段、不同端口采集的数据，统一汇聚到数据中心进行分析与研判，实现了问题的“主动发现，快速排除，精准追踪”。通过城市大脑共享理念、多维数据、高精算法、成熟模型、跨界调度等方面的赋能支撑，为小区的人、车、房提供了精准画像。

2. 淳安平台·大数据赋能乡村振兴

乡村旅游是淳安乡村振兴的重要途径。为了精确区分游客与当地居民，淳安充分利用现有公共区域监控系统，并与分布式人工智能技术相结合，对系统进行了软件升级和算法优化，可以精准地统计到访游客数量，提前辅助游客出行游览决策和景区分流引导，进一步提升了游客体验度和千岛湖旅游品牌的美誉度。

复习思考题

7.1 什么是场景？

7.2 场景的理论基础有哪些？

7.3 场景的技术特点有哪些？

7.4 场景建设的方法论是什么？

7.5 请分析各个场景的数据和业务流程。

第八章

城市大脑的实践——杭州市样本

学习目标

- 了解杭州市的城市定位
- 了解杭州市市政管理的困境
- 理解城市大脑的实践样本为什么是杭州市
- 理解城市大脑在杭州市各方面的应用
- 明白杭州市样本的经验

第一节　为什么是杭州市

城市大脑在杭州市应运而生既有其历史积淀，又是杭州市敏锐地抓住时代机遇，向社会提交的一份关于社会治理、城市治理的完美答卷，创造了社会治理、城市治理的新模式。

一、杭州市的城市定位

杭州市，简称“杭”，浙江省省会、副省级市，位于中国东南沿海、浙江省北部，同时也位于钱塘江上游、京杭大运河南部，是浙江省的政治、经济、文化、金融、教育和交通中心。

杭州市是华夏文明的发祥地，距今 5000 多年的良渚文化被称为“中华文明的曙光”。中国历史上从秦朝开始设立县治，杭州市从那时到现在已有 2200 多年的历史。杭州市还曾是吴国、越国和南宋的都城，是中国八大古都之一。杭州市的风景美丽动人，被世人称为“人间天堂”。杭州之名始于隋朝，扬名于南宋。杭州市地处京杭大运河的开端，极大地享受了河运的便利。杭州市还有完善的丝绸产业，肥沃的土地促进了粮食产业的发展，因此曾是历史上的重要商业中心。13 世纪意大利著名旅行家马可波罗赞叹杭州为“世界上最美丽华贵之天城”。后来，沿杭铁路如沪杭铁路陆续通车，以及上海在进出口贸易领域的辐射作用，杭州市的轻工业得到了迅速发展。

杭州市以大量的人文古迹著称，西湖及其周边地带分布着许许多多的自然和人文景观。西湖、丝绸、良渚、龙井茶等都是杭州市独特的文化印记，白娘子和梁祝化蝶等故事也是杭州市文化的代表。

杭州市还承接过许多大型运动比赛，如 2018 年成功举办了世界短池游泳锦标赛，2022 年将成功举办亚运会。2018 年 11 月 26 日，杭州市荣获“中国最具幸福感城市”称号。

因为支付宝在杭州市发展壮大，移动支付在杭州市随处可见，杭州市因此被称为“移动支付之城”“无现金城市”。在“2016 中国新型智慧城市”峰会上，杭州市被评为“最智慧城市”。在第七届（2017 年）“中国优秀智慧城市”评选活动中，杭州市列“2017 中国智慧城市 20 强”的第一位。

截至 2017 年，杭州市下辖 10 个区、2 个县，代管 1 个县级市，总面积为 16596 平方千米，常住人口为 918.8 万人，城镇化率为 76.2%。2016 年，杭州市居民人均可支配收入为 46116 元，社会消费品零售总额为 5176.20 亿元。截至 2019 年年底，杭州市人口为 1038.5 万人，成为全国第 17 个千万级人口城市①。

作为浙江省省会，杭州市的功能定位是长江三角洲城市群中心城市之一、长三角宁杭生态经济带节点城市、中国重要的电子商务中心之一，属于新一线城市。

① 杭州市统计局，http://www.hangzhou.gov.cn/art/2020/3/16/art_805865_42297976.html

二、杭州市市政管理的困境

改革开放以来，杭州市发展迅猛，但和其他大城市一样也染上了大城市病。

大城市中的人口多、住房难、环境差、交通挤、资源少、物价高等一系列问题被称为大城市病。

城市暴露出来的治理短板和薄弱环节，是“低版本的治理模式”与“高能级的城市系统”不相适应之间的矛盾。人民群众对美好生活有了更高的期盼，迫切要求政府提供更普惠、更便利、更快捷、更精准的服务，因此也对数字治理提出了更高的要求。

（一）民生困境

杭州市人民群众对美好生活有更高的期盼，而现实中的堵车、高房价、看病难的问题一直不能有效地缓解或解决，因此迫切要求政府提供更普惠、更便利、更快捷、更精准的服务。

1. 堵车

随着国家经济的快速发展，城市规模不断扩大，堵车问题不仅成为大城市的通病，而且开始快速蔓延到二三线城市。

2. 高房价

除堵车问题外，还存在高房价问题。今天，除一线城市的房价高不可企外，二三线城市的房价也开始快速增长。有些人砸锅卖铁也要买套房子，他们觉得现在不下手，以后就只能“望房兴叹”。

3. 看病难

杭州市的人口众多，三甲医院不多，加之人们有病就到大医院看的心理，造成了看病难的问题。为了看病，可能要早上五点起床去医院挂号，即使这样也不一定能够挂到号，可谓“一号难求”。

（二）城市治理模式需要升级

1. 顶层设计缺失或不健全

作为政府部门的职能之一，要想做好城市的所有管理工作，没有能力是不可能实现的。然而，现实情况是城市管理工作非常烦杂，而且没有明确的界限。

对于有些棘手的问题，职能部门不愿意管，于是只能由城管部门来管。全国的城管部门都存在一个问题，即缺乏顶层设计。根据国家的有关规定，住建部负责城市管理的相关工作。虽然城市管理由住建部负责，但在城管工作中并未发挥其应有的作用。市级和区级的城市管理局也存在这种问题，即虽然它们都是政府的职能部门，但是对城市管理的整体方向缺少长期规划。它们对城市管理的范围、发展方向都缺乏清晰的定义，即城市管理工作仍然处于初级阶段。城市管理部门只设置到市级，市级以上就没有这个部门，所以只能由市级的人大层面来解决城市管理的顶层设计问题。

对城市管理局来说，经常出现哪里有需要，城管力量就去哪里的状况，整个城市管理缺乏对未来的科学规划。现在，城市管理局人员出现断层的情况已经凸显。

2. 工作任务繁重

城市管理局设立至今，工作从最初的城市公共设施养护和行政执法，逐渐转变为负责城市的清洁、有序运行、绿化栽植、城市光亮等工作。特别是城管行政执法工作由原来的“7 + 1”变成了“7 + X”，其中 X 为兜底条款，俨然成了政府的“不管部”。

额外的 X 条款使得城市管理局的工作越来越多，出现的新问题也越来越多。例如，强行拆除建筑和如何劝退钉子户的问题。从历史发展的角度来看，城管部门“抢占”拆除工作肯定是一个过渡的过程。

（三）政府部门协同不足与城市发展定位高之间的困境

1．政府部门协同不足

城市管理的意义是及时解决存在的问题，防范未发生的隐患，而不是不负责任地消极处理问题。要达到解决问题的目的，就需要彻底变革城市管理模式，同时也需要各个政府部门之间做到统筹管理。繁杂的城市管理工作需要城市管理更加多元化、系统化。为了实现整体化管理，要减少各个城市管理部门间推脱责任的现象。

2．城市发展定位高

2012 年以来，中央对杭州市的发展抱有较大的期望。2016 年举办的“二十国集团领导人峰会”让杭州市在国际舞台上大放异彩，杭州市也从一个知名的旅游城市转化为世界知名的文化城市。种种事件让杭州市进一步提高了城市的发展目标，即不仅要在国内知名，而且要在国际上知名。

（四）一元化的管理特征与多元化社会需求之间的困境

1．一元化的管理特征

今天，国内大多数城市的管理模式依然是一元化的，政府占据强势地位，城市管理模式以政府为管理主体，而离开了以政府主导的城市管理，工作就一直处于不良状态。因为各种原因，政府仍然习惯于自己提供城市管理服务。

2．多元化社会需求

随着城市的发展，越来越复杂、越来越综合的城市管理问题频发，这就需要对城市治理结构进行改革，将原来的一元化管理模式改为多元主体积极参加的模式，同时需要“包容性城市”管理理念的协同解决。在城市治理中充分发挥市场机制并纳入社会力量，为国际化大城市的城市管理提供了方向。从另一个角度来看，市民作为纳税人不仅希望享受政府管理带来的服务，而且具有参与管理的意识。他们愿意通过不同的途径为政府公共事务作出自己的贡献，真正成为城市的主人，在城市管理中发挥自己的力量。政府在一定范围内控制着公共物品和服务的提供，包揽了太多的社会事务，办事效率不高。

人在城市管理这个巨系统中的影响不可忽略，促使利益关联者对城市管理产生作用也非常重要，因此政府、市民、企业三个主体都要参与城市的管理工作。城市管理过程除了要注意对城市复杂巨系统的科学了解，还要注意三个主体的合作参与，只有在政府、企业、市民的良好合作下，才能提供更完善的城市服务和公共产品，打造多元化的城市管理模式。

三、杭州市建设城市大脑的优势

杭州市建设城市大脑有其必然原因，同时杭州市建设城市大脑也不是一蹴而就的。相比而言，杭州市建设城市大脑有三个优势。

（一）数字化社会治理基础好

杭州市利用数字技术手段推进社会治理起步较早，很多领域已在全国取得了较为领先的地位。也正是基于这一基础，杭州市才能率先提出并建设城市大脑。

2014 年，在建设“天堂硅谷”的基础上，杭州市首次提出建设数字化城市的发展理念。2016 年 4 月，在全国率先提出建设城市大脑，并以交通领域为突破口，开启了用大数据改善城市交通拥堵的探索。

2017 年 1 月，杭州市在全国率先成立数据资源管理局。同年 10 月，城市大脑交通系统 1.0 版发布。

2018 年 5 月，杭州市发布《杭州城市大脑规划》。同年 12 月，城市大脑综合版（包含 9 大便民措施）发布，“中枢系统”建立，城市大脑从“治堵”向“治城”迈进，同时发布的《城市大脑建设管理规范》成为地方标准。

杭州市在数字治理领域一直先行先试，无论是在电子政务阶段，还是在智慧城市发展阶段，杭州市均走在了前面。

（二）杭州市数字经济发达

杭州市大力实施数字经济“一号工程”，涌现了阿里云、海康、大华、中控等一批优秀企业，这些企业具有国际化视野，技术在全球也处于领先地位，它们积极参与城市大脑建设，提供了必要的人才支撑和技术保障。

杭州市的信息化建设近年来成效显著，建设了一系列智慧应用场景，如智慧城管、智慧交通、智慧医疗、智慧旅游、智慧政务等，智慧城市的建设在提升杭州城市管理与服务水平、促进产业升级、提高市民生活品质等方面取得了良好的成效，为杭州城市大脑的建设奠定了基础。与此同时，移动互联网的迅速发展将杭州市的信息化水平推向了新的高度，杭州市被誉为“移动支付之城”“无现金城市”。在中国互联网协会、新华网、蚂蚁金服等主办的“2016 中国新型智慧城市”峰会上，杭州市获评“最智慧城市”。中国科学院信息化研究中心主办的第七届（2017 年）“中国优秀智慧城市”评选活动中，杭州市列“2017 中国智慧城市 20 强”的第一位。

2015 年至 2019 年，杭州市新增常住人口分别增长 12.6 万、17 万、28 万、33.8 万和 55.4 万[①]。近五年来，杭州市常住人口呈现快速增长、持续增加的态势，增速在新一线城市中名列前茅。

近年来，在数字经济的带动下，杭州市常住人口快速增长，并在 2019 年首次突破千万大关。

浙江省统计局发布的《2019 年浙江省人口主要数据公报》显示，2019 年末，全省常住人口为 5850 万，与 2018 年末的常住人口 5737 万相比，增加 113 万。数据显示，2019 年浙江省自然增加的人口为 28.9 万。也就是说，2019 年浙江省 84.1 万的增量人口来自机械增长，即迁入人口。

① 中共杭州市委、杭州市人民政府网站，http://www.hangzhou.gov.cn/art/2020/3/16/art_805865_42297976.html

分地市来看，11 个区市的常住人口都实现了增长，其中，杭州市和宁波市两大副省级城市的常住人口增量最大，分别达到 55.4 万和 34 万，两市的常住人口合计增量达 89.4 万，占全省常住人口增量的八成。可见，人口向中心城市集聚的态势愈发明显。表 8.1 中显示了 2019 年浙江省人口的主要统计数据。

表 8.1　2019 年浙江省人口的主要统计数据

地区	年末常住人口/万		出生率/‰		死亡率/‰		城镇化率/‰	
	2019 年	2018 年	2019 年	2018 年	2019 年	2018 年	2019 年	2018 年
全省	5850	5737	10.51	11.02	5.52	5.58	70.0	68.9
杭州市	1038.5	980.6	11.1	11.3	5.1	5.1	78.5	77.4
宁波市	854.2	820.2	9.5	9.5	4.8	4.7	73.6	72.9
温州市	930	925	10.6	11.5	5.0	5.0	70.5	70
嘉兴市	480	472.6	11.6	11.6	5.8	5.8	67.4	66
湖州市	306	302.7	9.7	10.1	6.6	6.7	64.5	63.5
绍兴市	505.7	503.5	9.1	9.0	6.4	6.5	68.4	66.6
金华市	562.4	560.4	11.3	12.4	5.6	5.7	68.7	67.7
衢州市	221.8	220.9	10.6	11.3	6.4	6.5	60.0	58
舟山市	117.6	117.3	8.1	9.1	6.7	6.4	68.6	68.1
台州市	615	613.9	10.7	11.9	5.9	6.1	63.7	63
丽水市	221.3	219.9	11.6	12.5	6.1	6.1	63.0	61.5

资料来源：浙江省统计局。

杭州市人口的快速增长，主要得益于近年来杭州市在数字经济的带动下，城市经济快速增长，人才大量涌入。杭州市统计局发布的数据显示，2019 年，杭州市数字经济核心产业实现增加值 3795 亿元，增长 15.1%，比上年提高 0.1 个百分点，高于 GDP 增速 8.3 个百分点。电子商务产业增加值增长 14.6%，物联网产业增加值增长 13.6%，数字内容产业增加值增长 16.3%，软件与信息服务产业增加值增长 15.7%。

近年来，杭州市的信息经济在全国独领风骚。据不完全统计，全国三分之一以上的电子商务网站都集中在杭州市；与此同时，崛起了许多电子商务服务商，它们的业务主要是快递、信息技术、电子支付、网络营销、运营服务等，杭州市已成为我国的“电商之都”。在多个指标上，杭州市已经接近甚至超过广州市。

根据《2019 年度中高端人才盘点数据报告》，两年期间，在跨地区人才流入的城市中，杭州市的流入率为 5.88%，位居全国第四，超过了一线城市广州。根据智联招聘发布的《2019 年冬季中国雇主需求与白领人才供给报告》，杭州市的平均薪酬为 9978 元，仅次于北京、上海和深圳，位居第四。

（三）城市大脑建设政企合作模式探索的成功

通过前期的探索与实践，城市大脑建设已经形成了政府提供场景和需求，并与企业团队共同研究的政企合作模式，形成了一批经验和成果。

城市大脑建设单纯依靠政府投资是行不通的，也是低效的。只有更好地引入市场机制，才能放大效应、持续发展。要抓紧研究投资运营模式，可以组建国资控股的公司及专门的研究机构，设立专项基金，吸引相关企业、技术力量和创投资本等加入，充分发挥财政资金的杠杆作用。

第二节　城市大脑在杭州市的应用

杭州城市大脑 2016 年以杭州市的交通领域为突破口，开启了用大数据改善城市交通的探索。2018 年 11 月，以城市大脑深化警务机制改革的“杭州市方案”正式推向全国。随后，杭州城市大脑不断升级优化，从“治堵”向“治城”迈进。在举世震惊的新冠肺炎疫情中，城市大脑突然裂变的场景使得城市大脑在实战中得到了升华。从“治堵破题”到“治城深化”，再到“抗疫升华”，杭州城市大脑确实走了一条不同寻常的路，成为一个全周期的好用、管用“大脑”。

一、城市大脑“治堵破题”

（一）公共基础设施数据化

城市大脑的第一步工作是对城市的供水、交通、能源等基础设施进行数据化处理，将城市各个地区的数据资源连接起来，打通“神经网络”，然后将这些数据资源导入城市大脑的超大规模计算平台、数据交换中心、数据采集系统、数据应用平台、开放算法平台，对整个城市进行全局实时分析，进而自动调配公共资源。

（二）杭州市部分交通瓶颈的尝试

为了充分体现云计算、大数据和人工智能的作用，城市大脑运用人工智能开放服务平台、城市一体化计算平台和城市数据资源平台，将整个城市的交通出行连接在一起，采用数据资源来优化城市交通的拥堵问题，具有快速、全网、全视频、全部体量等特征。

2016 年 8 月，杭州城市大脑将交通作为第一个落地点，首先在杭州市城区的部分路段进行了初步尝试，上线了“杭州交通”1.0 版。它选定的测试区域就是“堵王”所在的中河—上塘高架、莫干山路及沿线区域。这是采用云计算、人工智能、大数据等技术来治理交通拥堵的一次摸索。

杭州市交警城市大脑实践基地在云栖小镇设立，交通指挥大厅有一个很大的屏幕，上面即时显示着杭州市实时交通情况。屏幕上的市区拥堵指数、全市延误指数、日交通量、快速路均速、主干道均速五项指标每隔 2 分钟就会更新一次，这些数据被形象地称为城市交通的“生命体征”：某条道路上车辆的实时通信量有多少？哪条道路上存在拥堵现象？对上下游的交通影响如何？

交通信号灯发明于 100 多年前，从那时开始人们的通行就受到它的制约。每个信号灯的闪烁规律一般是固定的，或者是由信号配适师自己调试的时长方案。不同路口的信号灯的时长方案都是不同的，而且每个信号灯的时长方案都有多种选择，更有甚者，根据一天不同的时间段，一个交通信号灯会有七八十种时长方案。一名信号配适师需要多年的经验才可以做到配置时间合适。

城市大脑根据车流量智能调节了十字路口的红绿灯。结果显示，测试时段车辆通行速度最高提升了 11%。

城市大脑将测试区域的 128 个信号灯全部连接到“大脑”，采用人工智能手段对这些信号灯进行自动化的接管调配。经过 1 年左右的测试时间，“大脑”的作用慢慢体现。数据表明，采用城市大脑的智能调控后，试点的莫干山路等地面主干道的平均延误降低 8.5%，中河—上塘高架的平均延误降低 15.3%。

人工智能科学家、产业智能专家闵万里说道，“最开始改造信号灯的时候，经常会有人说，高端的人工智能和交通信号灯好像没有联系。但是，表面上看起来简单的事情其实是最不好做的。城市大脑要做的就是把‘神经元’发散到城市的最前端，解决城市‘最后一千米’问题。”他还说，“要有用最前沿的技术解决传统问题的勇气，把改革的起点定位在交通信号灯上，是以小见大的体现。信号灯的时间长短，对每一个老百姓都有影响。”

（三）从交通监控到交通规划

现在，杭州城市大脑已经不满足于对信号灯的调控。它不仅要处理交通事故，更要对整个城市的交通进行监测，促进城市交通规划的改进。

在杭州市交警城市大脑实践基地的大屏幕上，有十多个黄色摄像头样式的闪烁图标。打开其中的一个图标后，传回了德胜高架东侧的视频：一辆外卖非机动车飞驰在机动车道上。对于道路上实时发生的交通违规情况，“大脑”会自动识别报警并传回控制中心，整个流程不超过 20 秒便可完成。

杭州市的一位交管人员是这样说的，“杭州市大概有 3600 个视频监控点，细分到每个片区，一个交警大队要负责 300～400 个视频监控点，而这需要很多的人力来监管。但是，在使用‘城市大脑’后，超过 95%的事故能被准确地监控到，减少了大量警力的占用。”

在城市大脑的监控下，发现长度只有杭州市整个城市道路总体长度十分之一的183千米的杭州市快速路，占据了杭州市50%的车辆通行量。这一发现可以给之后杭州市的交通规划提供参考意见。如果城市大脑探测到某个路口经常性地发生同种交通违章事件，那么交通规划师就要开始考虑这个路段的交通设计的合理性，以及如何操作才能改善。

二、城市大脑“治城深化”

根据规划，杭州市在2018年完成交通系统1.0版的开发，在首期试点稳定运行的基础上，扩展试点范围，进一步优化算法；同时在区县开展试点工作，对城市大脑的数据平台进行优化，打造交通系统2.0版，扩展覆盖范围；开始建设平安系统；建设一个“移动办事之城”，打造智慧亚运。

从2019年到2021年，计划在杭州市主城区大力发展交通系统的建设工作，加强平安系统的建设，推动智慧亚运和医疗、城管、环保、旅游等方面的系统建设。

杭州市计划到2022年，在杭州市全区域实现交通治理的覆盖，极大地缓解全市的交通拥堵状况；基本完成各行业的系统建设，并投入实际运行。开展跨行业、跨领域数据资源开发，唤醒更多的沉睡数据，并服务于人们的生产、生活，让数据的价值得到充分体现，基本完成杭州市的主要场景建设，提供服务保障和数据支撑。

2019年12月30日，城市大脑中枢系统3.0版发布，数字驾驶舱升级迭代，形成了11大系统、48个场景同步推进的良好局面。

（一）城市大脑之政府数字化基础性应用

围绕市场监管、经济调节、公共服务、社会管理、政府运行和生态环境保护六大领域，推进政府数字化转型“8 + 13”等重大应用横向互联、全省贯通，逐步实现政府工作数字化全流程连接、全业务涵盖。加快建设掌上办公之省、掌上办事之省，优化和推广“浙里办”。

对于“浙政钉”，大力推进“一证通办”，所有民生事项和企业事项开通网上办理。加快建设统一行政执法监管平台，完善 531X 公共信用信息平台，建成全省一体化的“互联网+监管”体系。

城市大脑的另外一个应用是互联网+政务服务。我国政府已经做了很多政务服务智能化升级，关键点是有了在线身份核验。以前办一项业务往往要跑很多个地方，通过各种方式证明“你是你”。现在通过应用前端智能，用户可以通过自己的手机完成一系列有效认证，从而打通政务。我国是一个档案制国家，虽然还没有实现电子档案，但是政府会把所有需要用户签字的东西通过快递寄到离用户最近的街道，用户去街道签一次字就可以办完手续，是一次性服务。因此，城市服务智能化为人们打通了互联网和政务。

智慧政务是指充分使用云计算、物联网、移动互联网、大数据分析等新兴信息技术，以大众创新、用户创新、共同创新、开放创新为特点，强调政府架构作为平台，并以此为出发点实现市场、社会、政府三方共同的公共价值的塑造，实现政府管理与公共服务的智能化、社会化、精细化。

“智慧政务”根据政府数字化转型，打通政府和百姓、企业间的沟通渠道，快速提高政府部门间的沟通效率，让更多惠民政策落到实处。2018 年以来，杭州市围绕“掌上办事之城”“掌上办公之城”的建设目标，统筹推进“互联网+行政监管”“互联网+政务服务”和新型智慧城市的建设，纵深推动“最多跑一次”改革，加快了政府数字化转型的步伐。

城市大脑是产生于人工智能的新一代信息技术，它能统筹运用城市各方面的数据资源，对全局进行实时数据分析，智能化调动公共资源，是提高城市治理能力的新型基础设施。城市大脑就像人的大脑一样，对遍布全身的神经元提供的所有信息进行接收、存储、分析，并根据这些信息来指导体内各个“器官”的工作，这意味着城市发展“云脑时代”的来临。

作为政府数字化转型的重要内容之一，城市大脑的目标是打造城市精准服务和精细化管理。城市大脑是由人工智能、大数据、物联网等新兴现代信息技术搭建的，是支持经济发展、民生服务、城市管理等服务的开放式智能运营平台，是建设智慧城市的综合应用工具和重要基础设施。

（二）城市大脑之交通应用

基于城市大脑通用平台，整合吸收、迁移、升级原有智慧交通建设成果，加强涉及交通的多部门信息归集共享，充分发挥互联网、大数据、人工智能的作用，推动达成采用数据来运行的交通服务模式和管理模式，提高交通流通效率，让城市的交通环境更加高效有序。开展实时数据分析、深度学习、交通仿真、复杂环境感知、车辆特征智能识别与跟踪、智能车路协同等关键技术在城市交通规划、公共交通资源分配、城市交通治堵、车流监控疏导、驾驶行为监测、信号灯配时、停车诱导、特殊车辆管理、紧急救援、车联网、智能出行规划等领域的应用，构建车、路、人等交通要素无缝连接的智能城市交通体系。

建造的交通系统可以让交通的各个数据互相连通，消除传统模式下各部门之间存在的信息障碍，增强外部互联网与交通系统数据的连接和共通，让数据促进交通服务模式和管理模式的创新，建设更加安全有效的交通系统。主要内容如下。

（1）通过迭代升级业务支撑算法，优化路口、关联路段、功能组团等之间的交通连接，基于外场视频实时结构化分析能力，形成交通事件、道路流量等实时感知体系，形成不断进化的交通优化区域，提高道路通行效率。

（2）梳理全区域、路口、路段等交通在线实时数据，研发精准刻画道路交通演变的业务算法模型，包括交通视频分析处理算法、数据整合算法、信号优化算法、交通评价算法、态势研判算法等，为交通管理的科学化、精细化提供支撑，实现对交通流状态的精准刻画。

（3）创新面向未来交通的交通治理模型，提升当前交通管理目标层级，实现对路口交通运行健康状态的精准感知，通过当前状态和历史对比、趋势预判，得出与交通拥堵和安全最相关的关键因子，打造一个适应未来交通的交通治理模型。

（4）以数据驱动交通管理模式的改变。改变原有交通系统建设（交通信号控制、非现场执法系统、交通视频监控系统、交通流信息采集系统、道路交通设施建设、交通诱导系统等）和交通应用的分割、独立现象，消除每个路口的交通设备之间数据不共享的障碍，用数据来促进交通管理模式的变革。

（5）推进数据治堵深入应用。通过交通大数据研究道路拥挤的原因，用先进的计算机算法来指导交通排堵保畅策略。控制交通的设备实时在线，以实时的交通数据推进区域交通控制策略的实施，形成良性的交通运行机制，保障交通畅通有序。

（6）建立安全有序的交通环境。明确多发交通事故的特征和发生频率，提高交通部门的安全防控能力，做到尽可能快地识别风险、控制风险，对工作的方法进行改进，建立健全的预防、预测、预警机制，加强交通安全风险等级研判体系的建设。

（7）辅助道路路网改造决策。通过数据运算能力，分析道路的通行效率、历史过车信息、车流演变趋势等信息，为城区道路交通改造提供决策支持，提高道路资源的利用率，改变原有道路路网改造项目的建设模式。

（8）指导外场交通基础设施建设和升级。利用在线的海量交通数据，对道路基础交通设施的效果进行评价，指导外场交通基础设施建设和不断升级。

（三）城市大脑之平安应用

基于城市大脑通用平台，整合吸收、迁移升级原有智慧安防建设成果，深化推动建设“雪亮工程”，加速以视频数据为核心的平安系统的特色应用，做到视频资源全时可用、全网共享、全面智能、全程可控。强化公安、建设、卫生健康、交通运输、市场监管、生态环境、应急管理、自然资源等部门数据的有效采集和安全共享。推广智能感知与分析技术在社会治安、生产安全、自然灾害等场景的部署应用，实现智能预测预警，实时精准推送灾害信息、处置建议、资源调度方案，形成各方联动的应急机制，提升社会公共安全保障能力和实战效能。主要内容如下。

（1）结合雪亮工程建设，汇集安监、公安、卫生、住建、交通、工商、食品药品监管、环境保护、应急、消防等部门的数据，实现公共安全大数据的采集、共享、服务和访问。

（2）从视频、互联网、物联网数据中，通过人工智能算法应用，在线感知警情态势，实现智能预测预警，并向智能终端推送信息、处置建议。

（3）从全网数据（包括历史数据）中，对案件、舆情、热点、事件等警情进行全维度分析，提供警力、视频、卡口、舆情引导等警务资源调度方案，达到最优配置，实现快速指挥、调度、分析、决策，做到事态信息实时化、作战对象精准化、力量信息精确化、作战指挥可视化。

（四）城市大脑之城管应用

基于城市大脑通用平台，整合吸收、迁移、升级原有智慧城管建设成果，更新改进分析、感知、服务、指挥、监察“五位一体”的智慧城管信息平台，运用图像与视频精准识别、城市环境特征识别、智能感知、深度学习等现代科学技术实现城市的自主化管理，优化以“多维研判、泛在感知、高效处置、扁平指挥”为重点的城市大脑城市管理系统建设，推进统一行政执法监管平台在城市管理中的高效联动支持，推动城市综合执法办案过程数字化记录，优化重塑已有城市管理业务分散的格局。

充分发挥智能预测、传感技术在市政管网管理、市容秩序监管、垃圾分类监管、建筑能耗监控和河道监管等方面的应用，推进市政公用设施、市容环境等城市管理资源的互通使用。依靠大数据分析计算，对可能发生的隐患进行预测、预防，第一时间准确、高效率地处理城市运作过程中出现的问题，推动城市管理精细化、社会化、可持续发展和智能化的进程。主要内容如下。

（1）构建城管系统智慧服务平台，提升数据服务能力。集成及治理城管全量数据，构建智慧城管数据资源中心，通过对各类不同数据的采集、分析和处理，形成城管数据仓库，并基于数据资源目录管理功能和元数据管理功能，提供数据交换和共享能力，实现数据的互联互通。

① 提供城市管理指数服务，包括城市管理综合指数、公共泊位停车指数、街面秩序指数、市容清洁指数、队伍形象指数、设备运行指数等。

② 提供物联智能监测及预警服务，包括物联感知设备常态监测、物联感知设备智能运维预警分析，根据应用需要提供底层数据集成、数据清洗服务。

③ 提供智慧数据服务，针对管理部门、法人及自然人管理对象进行大数据画像，实施公共舆情监测与分析、跨部门数据融合应用等。

④ 提供人工智能应用服务，包括城市管理视频智能分析、智能坐席、基于智能语音和语义分析的智能热线等。

（2）加强行业智慧应用建设，建设智慧城管大数据综合行业应用，包括综合执法及绩效、市容实时监控（含智慧排水、智慧桥隧、智慧犬类管理等）、城市部件精细化管理、智慧停车、智慧公用事业管理（水电燃气安全等）、智慧河道管理等。

（五）城市大脑之经济应用

通过城市大脑这个支持平台，开发经济系统的特色应用，与全省经济运行监测分析数字化平台进行连接。整合产业数据、企业数据、宏观经济数据和相应城市的地理数据，将这些数据导入合适的经济分析模型，从产业变迁、企业表现和经济发展等方面显示区域经济发展的态势，从深层次分析影响产业结构的因素，帮助政府的区域经济一体化改革发展政策更好地落地，辅助企业顺应经济风口和产业发展的最新方向，打造独有的核心竞争力。建立一个整体的企业综合数据库，对企业的数据进行智能化处理，给企业统一画像。出台符合当地实际情况的企业帮扶政策，对重点企业提供帮助扶持，发掘那些顺应时代发展的有潜力的企业，同时对企业和行业内的风险进行提前监测预警。统筹企业上下游和供应链关系，推动精准招商。主要内容如下。

（1）统一公民身份证和社会信用代码作为唯一的信用识别工具，聚集全市公共服务领域和行政管理领域的信用信息，形成自然人和法人的公共信用记录，实现覆盖主体的全部信用记录。

（2）在金融领域的信贷操作之前，行政审批通过嵌入调用和轻量级等方式，为管理部门提供快捷、方便的服务，如信用验证和信用监督，形成大型的联合信贷奖惩模式。

（3）丰富信用查询途径，通过“信用杭州”“信用地图”等移动端应用，向社会公众提供多渠道、多终端、多种表现形式的信用查询。规范信用信息开放，在事先授权的基础上，将信用信息有序向第三方服务机构开放。

（4）建设大数据分析系统来分析公民的信用问题，通过区域信用评估模型对行业和城市的信用状况进行监测民预警。为政府部门及相关单位提供实时、专业、准确的信用数据分析的多重组合服务，完善信用系统决策支持及风险预测作用，实现事前决策支持、事中监管服务及事后评估反馈。

（六）城市大脑之健康应用

通过城市大脑这个平台，汇总、整合之前智慧健康的成果，改进和提高区域内全民健康信息平台，加快开发与健康系统相适应的特色应用，汇集和共享区域内的健康医疗数据，融合居民医保、电子健康档案、卫生、医药等方面的数据，采用人工智能技术进行医疗综合诊断，为群众提供个性化医疗服务，全面覆盖健康应用和居家养老、助残。将人工智能技术应用于健康管理、体质监测、疾病复查、医药监管和流行病监测防控等领域，提高智能化的公共卫生服务水平。促进各个层级的诊断治疗、急救设施与城市大脑健康系统的连通，打造一个运行高效、衔接有序、指挥灵敏、反应迅速的院前急救和院内急诊服务救治体系。主要内容如下。

（1）打造一个开放、共享、集合的健康平台，完美融合医药、健康、医保等相关领域的数据，推动医疗服务、医疗保障、应急救治、药品管理、综合管理、公共卫生、计划生育等业务的智能化建设。在综合服务和行政监管领域发挥医疗健康大数据的作用。

（2）建设医疗健康综合监管信息平台，逐步实现改革监测、医疗质量、经济运行、医院发展和卫生资源的综合监测。通过整合共享环境、交通、体育等数据，为健康杭州提供大数据支持。

（3）提供统一的、优质的互联网+健康医疗服务，不断丰富与完善智慧医疗、个性化健康管理等健康信息服务。探索移动终端应用、植入式可穿戴智能终端设备等特殊的服务产品，采用移动互联网、物联网技术采集公民健康数据，实现全方位、多角度的信息跟踪、分析和整体评估，以及早期预测和诊断指导，促进健康医疗服务与大数据技术深度融合。

（4）加快大数据支撑下的智慧医院建设，推进基于电子病历的临床业务智能化、基于现代医院管理制度的运营管理决策智能化、以患者为中心的服务智能化。完善智慧急救体系，对接进入医院前的急救系统，打造一个运行高效、衔接有序、指挥灵敏、反应迅速的院前急救和院内急诊服务救治体系。通过互通城市级别的数据和部署智能软/硬件，提升城市应急救治能力。

（5）不断完善慢性病管理、传染病管理、免疫规划、精神卫生、卫生监督、妇幼保健等信息系统的应用功能，建立跨行业、跨系统的数据整合和交换通道，加快医疗机构与公共卫生机构通过城市大脑实现数据共享，使公共卫生系统可以全程使用信息化管理手段。运用大数据分析，提高公共卫生系统对慢性病从筛查、诊断、治疗到管理和教育的管理效率。通过大数据分析加强对传染疾病的监测预警和处理能力，提高实时分析、实时预测、实时管理、实时反馈的能力。

（6）“最多付一次”，让百姓看病更舒心。大家都知道，看病难，看病繁。人的身体不舒服时，就会到医院就诊挂号、检查、化验、配药，这些环节每次都需要付费。在杭州城市大脑的协同下，在杭州市参加医保且信用良好的病人，看病时无须先付费，可以直接检查、化验、取药、治疗或住院，就诊结束后 48 小时内可通过自助机、手机等方式一次性支付，实现“最多付一次”。同时，也提高了医疗资源利用率，11 家市属医院也从开展舒心就医前的 127 个收费窗口减少到 57 个，仅保留老年人等特殊人群服务窗口。

（7）数字医疗，试解看病难。杭州市坚持信息惠民理念，积极推进卫生健康数字化和智慧医院建设，创新发展智慧医疗模式，紧贴群众需求和行业发展方向，相继研发了“舒心就医 • 最多付一次”“两卡融合，一网通办”、影像检查结果分布式共享调阅、集中全处方点评系统、电子母子健康手册等国内首创的技术平台，在项目领域上层层递进，不断拓展延伸医疗健康数字化的服务领域，从最初的院内诊疗流程优化，发展到全市医疗机构数据信息互联互通、资源共享，通过人工智能提升诊疗效率，为卫生健康行业紧跟时代发展步伐提供了重要基础。

（8）创新智慧医疗服务模式。杭州市卫健系统以用好“一张卡”（电子健康卡）、构筑“一张网”（杭州市卫生专网）、建好“两大库”（居民健康档案库、电子病历库）、搭好“两级平台”（市级卫生信息平台、区县级卫生信息平台）、抓好数字化社区卫生服务、智慧医院、公众服务等多项业务应用为主线，积极创新智慧医疗服务模式，为助推医改和增进人民健康福祉探索新路。

（七）城市大脑之环保应用

通过城市大脑平台，汇总并整合之前智慧环保的成果，将全省的环境质量检测构成网络布局，增强对一系列生态环境指标检测的全覆盖，如气、噪声、辐射、水、土等，归纳、整理环保相关的部门信息，共同汇入生态环境监测物联网体系，推进环保系统一体化特色应用的开发，融入省级生态环境协同管理系统。分析与综合判断污染物排放、温室气体排放、环境承载力、生态环境质量、水质与水域变化等环保相关数据，加强气象水文、互联网经济社会和基础地理等资源数据的整合运用与信息服务，实现精确化环境监管、科学化环境决策的目的。主要内容如下。

（1）建设天空地一体化的水、土、气等生态环境监测网络，共享环保、国土资源、建设、规划、城管执法、林水、气象、交通、公安交警等部门生态环境监测数据，提升环保领域数据的准确性、实时性、覆盖面。实现污染源、生态状况监测、环境质量等数据的有效整合和共享，为生态环境提供基于大数据的预测、预警、评估，为生态环境保护决策管理提供数据支持。

（2）基于多元数据（环保系统内部数据、相关政务部门数据、环保相关互联网公众数据）融合，进行监管分析、监管预警、监管调度、决策支持。综合污染源企业各类环境行为数据和环境管理部门的各类监管数据，建立大数据模型，从企业的众多环境数据中挖掘企业环境行为特征，支撑评估企业的环境信用、环境风险，有针对性地进行环境监管执法，降低企业违法排污对环境造成的损害。

（3）构建智能化业务监督管理平台，覆盖环境准入、过程监管、事后监管等污染源全生命周期管理，形成以监管、监察、监测为典型代表的智慧应用体系。注重过程监管，加强精准监测，实现生态质量可控可管；通过智能排查、联动应急，实现环境风险可防可治。

（八）城市大脑之文旅应用

通过城市大脑平台，汇总、整合之前智慧旅游的成果，共享旅游相关的各个部门的资源信息，推进住、行、食、娱、购等与旅游有关的数据的集合整理，推进旅游系统一体化特色应用的开发，融入省级文化旅游协同管理系统。汇总车流、消费、人流等多个角度的数据信息，分析历史数据和现有数据，对之后的城市旅游发展提供预测。增加与城管系统、平安系统和交通系统的实时联系，对游客的旅游目的地、酒店住宿、人流走向、停留时间等信息进行收集与分析，采用 VR 和 AR 等技术发展虚拟旅游业务，全方位提高文旅行业智慧营销、智慧体验、智慧管理、智慧服务的水平。同时，对城市旅游的舆情进行分析，达到旅游事件情感分析、媒体分析、类型识别、疑似风险事件、舆情区域识别等事件的全网络监控。主要内容如下。

（1）通过城管系统、平安系统和交通系统的实时联系，对游客的旅游目的地、酒店住宿、人流走向、停留时间等信息进行收集与分析，提前预测人流高峰并提供辅助决策的数据，为打造科学决策、业务协同的行业治理模式，构建贴近需求、便捷高效的旅游公共服务体系提供有力支撑。

（2）实现景区及重点游客集聚区的热点监测、人流走向分析、突发事件预警等面向游客的实时监测应用。

（3）通过对刷卡、移动支付等消费数据的挖掘，了解游客群结构特征，敏锐洞察游客需求，即时掌握与动态分析旅游消费态势及旅游经济运行情况，强化对旅游休闲产业发展的超前引导，提升游客体验，打造融观光游览、休闲度假、文化体验、商务会展于一体的国际旅游休闲中心。

（4）对城市旅游的舆情进行分析，达到旅游事件情感分析、媒体分析、类型识别、疑似风险事件、舆情区域识别等事件的全渠道、全网络监控。

（九）城市大脑之未来社区应用

围绕高效、安全、快捷的社区生活链服务需求，建设未来数字社区，推进社区生活人本化、社区管理智能化、社区服务一体化，让社区为公众服务的方式更加丰富多样。将重点放在建筑、交通、能源、物业、治理、未来邻里、教育、健康和创业上，综合运用数字化技术，让数据驱动管理体系和现代社区服务，加快建设数字化未来社区示范点。依靠城市大脑平台，连通市民社区服务相关数据和系统，在社区和家庭中引入安防、政务、健康、教育等社会公共服务设施与服务资源，让社区居民体验到一站式、多场景的综合服务。

通过社区居民自下而上、自主协商制订和完善以“和合礼敬、慈孝立德、睦邻友善、互促共享”为主旨的《邻里公约》，开展“和合”文化宣传，建设特色社区文化，并通过文化的主线拉通教育、健康、创业、交通等，实现人本化、生态化、数字化三大价值坐标。

1. 数字化邻里场景

通过未来社区数字化操作，系统营造交往、交融、交心的人文氛围，构建“远亲不如近邻”的未来邻里场景。主要内容如下。

（1）邻里贡献积分制。建立服务换积分、积分换服务的激励机制，在居民之间相互提供教育、出行、看护等各类服务。

（2）提供非货币介质。弘扬诚信守约、共享互助、公益环保的社区精神。

（3）数字化教育场景。通过未来社区数字化操作，系统构建“终身学习”的未来教育场景，服务社区全人群的教育需求。

（4）打造“名师名校在身边”青少年教育平台。服务3～15岁年龄段青少年课外教育需求，打通名师、名校进社区渠道，并辅之以儿童主题广场、阳光社区农场等户外活动空间，形成社区人文与自然环境的熏陶教化氛围。

（5）搭建“人人为师”的共享学习机制。打造社区邻里共享学堂、共享图书馆等，实现社区居民“人人为师”的知识、技能共享交流机制，满足老中青各年龄段继续学习的需要。

2. 数字化健康场景

通过未来社区数字化操作，系统构建“全民康养”的未来健康场景，提供社区全人群与全生命周期的健康服务。主要内容如下。

（1）健康服务全覆盖。建立社区居民全生命周期健康电子档案系统，促进数据共享服务医联体。创新社区健身服务模式、慢跑绿道、共享健身仓等运营场所。加强社区保健管理，让营养膳食、保健理疗养生习惯成为家常。

（2）居家养老助残全覆盖。创新多元养老住宅，数字化赋能专业日间照料中心、老年活动中心、养生休闲区等场所，让养生养老助残服务精细化。

（3）“名医名院”零距离服务。探索名医名院与社区医院深化合作合营，依托智慧医养系统，打通社区医院与家庭智能健康设备的连接通道，提供未病预警、云端诊疗和近远程零距离专业服务。

3. 数字化创业场景

通过未来社区数字化操作，系统构建“大众创新”的未来创业场景，顺应未来生活与就业融合新趋势。主要内容如下。

（1）搭建社区双创空间。创业方面配置双创空间，生活方面配置共享厨房、共享餐厅、共享书吧、共享健身房，吸引青年创业人才，激发社区创新创业活力。

（2）激发共享经济潜能。形成共享服务需求与供给零距离对接场景，促进社区资源、技能、知识等的全面共享，增强社区创业活力。

4. 数字化交通场景

通过未来社区数字化操作，系统构建“5、10、30 分钟出行圈”的未来交通场景，实现差异化、多样化的全过程出行需求。主要内容如下。

（1）“5 分钟”取停车。完善社区停车场充电设施供给，统筹外售车位和公共车位资源，创新车位共享停车管理机制和服务应用。预留车路协同建设条件，为5G 环境无人驾驶和智能交通运行留白空间。

（2）人“10 分钟”到达对外交通站点。创新实施街道分级、慢行交通便利化设计，倡导社区居民低碳出行理念，通过信息一键导航、交通无缝衔接，打造居民10 分钟到达对外交通站点的出行圈。

（3）物“30 分钟”进入家庭。采用智慧数据技术，汇总零售、餐饮配送和快递等物流需求，建立“社区家庭”30分钟智慧物流服务集成系统。

5. 数字化服务场景

通过未来社区数字化操作，更高效地服务居民，实现可持续“零物业费”的未来社区服务场景，推动物业和社区商业服务机制变革。主要内容如下。

（1）建立便民惠民社区商业服务圈。服务社区居民24小时生活轨迹，创新社区商业供给，推广社区商圈O2O模式，解决商业到消费者的最后一千米问题。

（2）创新遴选培育机制。精选社区各类商业和服务配套供应商，催生一批本土品牌。

（十）城市大脑之其他应用

通过城市大脑平台，不停开发、完善、创新、更新不同类的特色应用，摸索在一些领域的创新应用，如智慧商贸、智慧海洋、智慧电网，促进接入其他行业系统，最后达成公共服务领域和城市治理的全方位覆盖。以传统应用为基础，放眼于城市管理和建设，以处理城市运行问题为连接，使用城市大脑平台的数据信息和技术资源，开发应急指挥调度、资源配置优化、经济运行分析等跨行业、跨领域的超级应用。主要内容如下。

（1）建设其他行业应用。城市大脑是城市新的基础设施，也是不断开发、完善、开放的系统，在其不断优化和各行业系统不断开发的同时，城市其他行业的数据化建设也会不断展开。政府应该高效有序地促进其他行业信息系统的开发，让整个城市的全部行业都实现信息覆盖。

（2）建设超级应用。在城市大脑框架下，市和区县的区域边界必将被行业系统打破，城市级的超级应用即将建立。以行业现有的系统应用为基础，放眼于城市管理和建设，以处理城市运行问题为连接，使用城市大脑平台的数据信息和技术资源，开发应急指挥调度、资源配置优化、经济运行分析等跨行业、跨领域的超级应用。

（3）以平台算法和数据资源为基础，设立以市民（企业）为中心的一站式智能化、个性化服务系统，提供社会服务、综合服务、政务服务、公共服务，打造移动办事之城。基于移动化的沉淀数据，实现用户画像，更加精准地为市民和企业提供个性化服务。打造集企业经营、创新创业、人才服务、项目孵化于一体的服务平台，为企业降低成本、提高效率、转型升级、做优做强提供更加有力的公共服务保障。

（4）汇聚、挖掘各项民生服务数据，分析、判断包括发展经济、社会治理、生态保护、文化建设、精神文明、城市服务等公共活动在内的各种民众需求，进而为科学决策提供帮助。

（5）以大数据分析为核心，重构智慧感知、智慧评价、智慧决策、智慧管理服务和智慧传播的政府管理新流程，提高群众的获得感。开放大数据、人工智能相关平台，支持市民创新创业。

三、城市大脑“抗疫升华”

城市大脑需要在平时管用、战时好用。在新冠肺炎疫情的大考中，杭州城市大脑得到了很好的考验。杭州城市大脑平时积累了广泛的场景，当新冠肺炎疫情来临时，快速迭代和裂变出了新的场景，为抗击疫情、复工复产作出了巨大的贡献。有了城市大脑的助力，杭州市在抗疫、复工复产等方面的表现得到了人们的广泛赞誉。

杭州城市大脑面对新冠肺炎疫情时，迭代和裂变出来的几个新场景，包括健康码、亲清在线、读地云等，其中的许多场景得到了全国的广泛复制和推广。

城市大脑的这种应急能力在疫情大考中得到了考验，实现了全周期管理能力。城市犹如“大脑”一般，作出了快速的反应和决策。新冠肺炎疫情期间，习近平总书记在杭州城市大脑运营指挥中心指出：“运用大数据、云计算、区块链、人工智能等前沿技术推动城市管理手段、管理模式、管理理念创新，从数字化到智能化再到智慧化，让城市更聪明一些、更智慧一些。”这段重要的论述对杭州城市大脑来说确实非常恰当。

（一）健康码

健康码是由杭州市基于城市大脑率先在全国推出的，它是以行为数据、社交数据为基础，由市民或返工返岗人员自行通过网上申报，经后台运营商等数据协同计算后，自动生成的个人二维码。作为个人在当地出入通行的电子凭证，健康码实现了一次申报、区域通用。健康码的推出使得杭州市的疫情抗击、复工复产更加精准、科学、有序。

1. 健康码的特点

健康码分为三种，即绿码、红码和黄码。显示为绿码者可以直接进入杭州市，显示为红码者需要集中隔离 14 天，显示为黄码者需要隔离 7 天。

浙江省的“健康码”管理信息系统以真实数据为基础，连通重点人员动态管控清单等相关数据库，根据群众申报信息与后台数据的校验比对结果发放“健康码”。

健康码系统已经形成一套标准，可以根据不同地区的需求，结合各地疫情防控需要快速推出。

为推动各地“健康码”互通互认，全国一体化政务服务平台提供了跨省份互认共享的三种实现方式：第一种是在不改变地方现有“健康码”的情况下，通过跨地区防疫健康信息数据共享，在本地“健康码”中增加跨地区互认功能；第二种是各地“健康码”与全国一体化政务服务平台“防疫信息码”对接，以全国一体化政务服务平台“防疫信息码”为中介进行转换，实现跨地区“健康码”互认；第三种是未建设本地“健康码”的地区，可以直接采用全国一体化政务服务平台“防疫信息码”，同时结合本地防疫健康相关信息，实现跨地区互通互认。

通过健康码实现了一码就医、预约挂号、一键急救、心理援助、健康证明、健康档案等多个健康应用。

2. 健康码的主要历程

2020 年 2 月 11 日，浙江省杭州市率先推出健康码模式，实施市民和拟进入杭州市人员的“绿码、红码、黄码”三色动态管理，并与“钉钉”企业复工申请平台打通。市民和拟入杭人员可通过应用等渠道自行在线申报，填写健康信息、14 天内是否接触过新冠确诊病人或疑似病人等信息，通过审核后产生一个颜色码，显示为绿码的人员可凭码通行，显示为红码和黄码的人员需要按照规定隔离并进行健康打卡，满足条件后会转为绿码。大量返岗复工人员开始申领健康码，上线首日访问量即达到 1000 万。

2020 年 2 月 24 日下午，浙江省在疫情防控工作新闻发布会上公布，截至当日 12 时，浙江省已累计发放健康码 5047 万张。

2020 年 2 月 25 日，从杭州市发源的健康码落地全国近 200 个城市，覆盖了公交地铁、社区、写字楼、医保支付、商场超市、机场车站等十大场景。多地正在扩大健康码的应用范围，杭州市、温州市的健康码还上线了看病买药功能。

2020 年 2 月 28 日，山西全省上线健康码。至此，全国可以申领健康码的城市超过 200 个，其中浙江、四川、海南、重庆、上海、云南、山西、湖北等省市实现了全覆盖。随着有序复工复产需求的增加，健康码覆盖的城市数量进一步增加，应用范围也在不断拓展。由于防控形势不同，各地政府的发码规则和应用范围存在差异。浙江省的应用场景最为广泛，领码人数也遥遥领先。

长三角、京津冀等推进区域内健康码互认，浙江与河南、山东与贵州等省开展了健康码的跨省互认。已经上线试运行的国家政务服务平台则推出了防疫健康信息码，并且逐步与广东、上海等地的健康码对接。

2020 年 2 月 29 日，国家政务服务平台推出“防疫健康信息码”，公众可以通过“国家政务服务平台”微信小程序中的“防疫信息码”入口申领健康码，部分省市的公众也可通过微信城市服务中的“防疫健康码”入口申领健康码。进行实名认证并简单上报个人健康状况后，公众可以申领自己的防疫信息码，凭码即可出入社区、办公楼等地方。

2020 年 3 月 4 日晚，江苏健康码正式上线，这也意味着长三角地区在全国率先实现了健康码全覆盖：上海、江苏、浙江、安徽全部上线省级健康码。

截至2020年3月5日，腾讯防疫健康码上线25天，累计亮码突破10亿次，覆盖超过8亿人口，累计访问量达43亿次，是服务用户最多的健康码。

2020年3月10日，湖北省新型冠状病毒感染肺炎疫情防控指挥部发布通告称，为落实分区分级分类分时差异化防控策略，推进企业复工复产和人员安全有序流动，决定开展湖北健康码发放工作。通告明确，中、低风险地区持绿码人员，全省通行；高风险地区持绿码人员，按照当地防控指挥部规定出行，县域内通行规则由县（市、区）防控指挥部确定，市域内通行规则由市（州）防控指挥部确定，武汉市以外高风险地区人员凭绿码与流入地采取“点对点”运输方式安全有序流动。持黄码人员不予放行，持红码人员按疫情防控要求由当地收治、隔离。

2020年3月16日，在浙江省政府新闻办举行的第三十六场新闻发布会上，浙江省防控工作领导小组办公室常务副主任、省政府副秘书长陈广胜表示，浙江将健康码作为分类精控的利器，针对返浙华人华侨、留学生及其他外籍人士的实际情况，推出健康码国际版，将实行橙、黄、绿三色分类，截至16日12时，浙江省已累计发放健康码7209.2万张，其中国际版3.1万张。

2020年3月20日下午，国务院联防联控机制召开新闻发布会，国家卫生健康委员会规划司司长毛群安介绍，健康通行码互认的难点是各地疫情防控形势和政策不同。目前全国低风险县域已占98%，各个省份正在按照统一的数据格式标准和内容要求，加快向全国一体化平台汇聚本地区防疫健康信息目录。截至20日，全国绝大多数地区的健康通行码可以实现一码通行。

为了更加有效地实施对新冠肺炎疫情的常态化管理，实现从入境到小区管理的全覆盖，澳门特别行政区政府于2020年5月3日上午9时正式启用“澳门健康码”。至下午4时，使用人数达9万，使用次数为17.6万。

2020年5月24日，杭州市卫生健康委员会提出了健康码“一码知健”的设计思路：通过集成电子病历、健康体检、生活方式管理的相关数据，在关联健康指标和健康码颜色的基础上，探索建立个人健康指数排行榜。同时，也可以通过大数据对楼道、社区、企业等健康群体进行评价。

（二）“亲清在线”——杭州市亲清新型政商关系数字平台

1.“亲清在线”的推出

“亲清在线”以构建新型的“亲清”政商关系为目标，以杭州市“12 条”惠企政策兑现为切入口，通过杭州城市大脑对政府部门“轻量级”资源整合、数据协同，形成政商“直通车模式”。

杭州市于 2020 年 3 月 2 日正式推出“亲清在线”数字平台，“码上兑现”的便捷体验获得了企业和员工的纷纷点赞。平台以“1 + 12”惠企政策兑现为切入点，着力解决企业最关心、最紧迫、最需要的问题。

“亲清在线”平台是杭州市帮扶支持企业发展的重要平台，是数字赋能政府服务的创新探索。为实现“战疫情、促发展”目标，在做好顶层设计的基础上，杭州市在新冠肺炎疫情期间的惠企政策将陆续通过“亲清在线”平台实现在线兑付。

“亲清在线”平台是杭州城市大脑的重要组成部分。作为城市大脑的运用，“亲清在线”平台的前端可以分别向企业、政府部门提供政策兑现和互动交流服务等操作功能；后端通过城市大脑中枢系统，与部门及区、县（市）业务系统进行数据协同，实现政策服务、在线互动和决策支持等功能。

简单来说，在正式的操作中，“亲清在线”平台一端向所有不同企业开放链接，另一端向所有与企业相关的部门开放链接，政府端和企业端双向集群式开放。企业端支持多个接口的接入，供企业自主选择。同时，在企业端上，一家企业只有一条通道，不需要去寻找各个部门的窗口，可以实现企业“最多点一次”。

2.“亲清在线”的五大功能

“亲清在线”具有如下五大功能。

（1）企业诉求在线直达。政府了解的企业存在的问题、困难和需求，大多数是“上门收集”的。通过使用平台，企业可以在线随时随地将真正的诉求“一键”直达政府，变“上门收集”为“在线呼应”。

（2）政府政策在线兑付。通过平台接入税务、社保、住保、市场监管、“12345”等部门的数据，逐步实现所有政策在线兑付。

（3）政府服务在线落地。“亲清在线”平台通过开放式的接口，能够接入包括政策解读、政策发布等各种服务功能。

（4）服务绩效在线评价。原有的线下模式对政府服务优劣的评价机制还不够完善，对政策效果的反馈功能还不够完整；通过平台，可以让政策的实施时时刻刻处在被检查、被反馈的状态，倒逼政府部门在政策制定过程中更加精准，实现从“绩效后评”向“实时可测”转变。

（5）审批“许可”在线实现。“亲清在线”平台是对“最多跑一次”进行的在线深化，最终要实现各种政策在线“许可”。

在企业端，一家企业只需要通过一个入口便可实现政府服务“最多点一次”；在政府端，根据业务职能，直接接入各区（县、市）和市直有关经济部门。采用首处责任制落实企业诉求，实现政府服务更便捷、更精准、更有效，打造企业家“爱不释手、高频使用”的政商服务平台。

“亲清在线”平台的目标是实现政府服务的流程再造、数据协同、在线互动，并且实现五大转变：一是政企交流，从“上门收集”变为“在线呼应”；二是政务服务，从“坐店等客”变为“互动平等”；三是政策制定，从“大水漫灌”变为“精准滴灌”；四是政策兑现，从“层层拨付”变为“瞬间兑付”；五是政策效果，从“绩效后评”变为“实时可测”。

3．“亲清在线”的数字赋能

“亲清在线”体现了杭州市政府的服务诚意。2020 年 3 月 2 日率先开始兑付的“企业员工租房补贴”和“年税收 50 万元以下商贸服务企业补贴”政策，就是杭州市防疫惠企“1 + 12”政策 100 亿元补贴中的两项。12 项惠企补贴在 3 月 10 日前全部通过“亲清在线”上线兑付。

“亲清在线”企业体现了社会诚信。以领取疫情租房补贴为例，按照传统方法，企业员工要获得 500 元补贴，企业和个人需要提交五六个材料和证明。“亲清在线”上线后，不需要企业和个人事先提供材料。企业登录后，“亲清在线”平台将通过城市大脑公共数据进行比对，比对结果由企业信用担保，经企业和个人确认后，直接发至个人的账户。

中国工程院院士、杭州城市大脑总架构师王坚认为，“亲清在线”是政府、企业高效协同的典范，也是政府服务企业在数字化进程中的重要标志，政府把公共服务直接办到了企业和群众手心，实现了从“大水漫灌”到“精准滴灌”的改变，政企之间真正做到了大道至简、亲清一家。

2020 年 3 月 16 日下午，通过“亲清在线”数字平台线上兑付，第 516551 位在杭租房的企业员工收到了来自杭州市政府的 500 元“红包”——疫期“企业员工租房补贴”。

统计显示，截至 2020 年 3 月 16 日 15 时，“亲清在线”数字平台累计为 9.93 万家企业、51.7 万员工兑付疫期“企业员工租房补贴”，该项政策线上兑付补贴已达 2.58 亿元，如图 8.1 所示。

数字快速增长的背后，意味着上线的政策惠及企业和员工的范围之广、影响力之大，同样也意味着通过提供优质高效的服务，“亲清在线”数字平台赢得了广泛关注和支持。

4. “亲清在线”的效果体现

“亲清在线”的数字赋能受到了杭州市民和外来务工者的高度评赞。

（1）“95 后”点赞杭州市：这座城市够“飒”。

“真的，几乎是实时到账的，杭州市够‘飒’!”收到租房补贴到账短信后，“95 后”黄凤梨第一时间发了朋友圈，把消息告诉给身边的朋友。

“飒”是“95 后”流行的口头语，被用来形容一个人直接、爽气。在黄凤梨眼里，杭州市亦是这样的存在。

黄凤梨是金华人，在台州上的大学，学的是财务方面的专业。2018 年，临近毕业，她和几个朋友商量着来杭州市发展。

图 8.1 “亲清在线”工作统计

“年轻人总是有着到外面打拼的冲劲。杭州市是浙江省省会，关于它的故事，听说的比其他城市的更多。”黄凤梨说。

黄凤梨在拱墅区的一家酒店从事财务工作。离单位不远处，她和朋友合租了一套两居室，每月分摊房租 1400 元。对黄凤梨说，房租压力还是挺大的，房费占一个月开销的一半以上。

疫情突如其来，影响了公司的复工。虽然薪资照发，但数额是打了一定折扣的。到了 3 月，黄凤梨面临着一上班就要支付整个季度房租的问题。当得知可以申领租房补贴时，她立即提交了申请。

“到账速度很快，差不多是实时到账的。”她说，她向朋友们传达了消息，几个朋友都收到了补贴，群里掀起了一股“点赞潮”。

“我想特别夸赞一下技术人员。他们相当专业，我一问就能立即给出答案，直接解决我的问题。因为找不到对应的企业账号，我便打电话咨询，工作人员告诉我可能是银行线上线下的名称存在不同。确实是这样的。”黄凤梨说，在杭州市生活了一年多时间，感受到了这里的便利和实在，“这是一座对年轻人很友好的城市。当初来杭州市发展，是对的决定。”

（2）49 位员工收到补贴，杭企复工注入温暖力量。

“叮咚，叮咚，叮咚……”2020 年 3 月 12 日中午，49 笔杭州市疫期“企业员工租房补贴”在几分钟之内就陆续到账，直接打到了浙江耀信工程咨询有限公司 49 位员工的支付宝账号上。

浙江耀信工程咨询有限公司是一家从事工程造价咨询相关业务的企业，公司目前有员工 200 余人，年产值过亿元。“自‘亲清在线’数字平台上线后，我们就快速收集、核实申领 500 元疫期租房补贴员工的情况。从最后的实际统计情况来看，这 49 位领到补贴的员工主要以去年新入职的应届毕业生为主。”浙江耀信工程咨询公司董事长蒋磊表示，这些从外地来杭就业不久的“新杭州市人”，薪资收入水平还不算高，这笔补贴对他们而言是一种激励和鼓舞，也为公司复工添足了干劲。

“我是去年通过校园招聘入职公司的，现在工作还不满一年。”在浙江耀信工程咨询公司担任造价员的董思告诉记者，500 元补贴可以顶上他半个月房租。董思充满信心地说，“接下来，我一定好好工作，争取升职加薪。”

记者了解到，此次疫情对浙江耀信工程咨询公司的业务、经营等方面也产生了一定的影响。面对困难，公司选择的是迎难而上。据蒋磊介绍，公司想尽办法调整经营策略，保障员工待遇和健康，以期早日迎来“春天”。

自 2020 年 2 月 17 日起，浙江耀信工程咨询公司正式进入复工复产阶段，公司坚持防疫复工“两手抓两手硬”，全方位保障员工的工作和生活。“我们把各类渠道采购的口罩、消毒液等防疫物资分批有序地发放给大家。此外，公司还正常发放工资、正常缴纳社保公积金等。”浙江耀信工程咨询公司办公室主任罗汀科告诉记者，公司一直关注杭州市发布的“1 + 12”惠企政策，没想到通过“亲清在线”数字平台能如此高效、快速兑现，惠及这么多员工。

值得一提的是，罗汀科还时刻关注着“亲清在线”数字平台上引导解决双职工家庭“看护难”、全力保障防疫物资采供等政策，“这些政策惠企便民，为我们复工复产注入了信心和动力！”

（三）“读地云”

基于杭州城市大脑，在抗疫期间，为了推动复工复产，快速开发了杭州市“读地云”入口，通过“读地云”，可以体验“云上读地、网上交易、线上签约”，竞买人足不出户、轻点鼠标，即可完成从看地、读地、选地、报名、竞价和签约的地块竞买过程。

“读地云”的模式如下。疫情期间，杭州市为了推进“战役情、促发展”，发布了全球招商产业用地计划，全国首推云上读地。“读地云”做到了产业用地地块推介、交易、签约在线完成，并且全力实现了“云上读地、网上交易、线上签约”的一体化的、全过程的“云上供地”模式。

“读地云”模式的作用如下：一是让企业了解信息更便捷。企业不用跑现场，轻点鼠标，就可以看到地块的位置、区位优势、技术指标，还可以通过联系人快速了解招商、供地等政策。二是让企业取得土地更高效，不受时间、空间制约。竞买人足不出户，即可完成从看地、读地、选地、报名、竞价和签约的地块竞买全过程。三是竞买环境更公平有序。营造了公平、有序、保密的竞买环境；

竞买人无须到交易现场，节约了办理手续的时间，给竞买人提供了多种途径，服务更加高效。

第三节　杭州市样本的经验

城市大脑通过在杭州市的几年建设，建设内容由点到面，逐步铺开，技术方面不断升级，为杭州市城市治理水平的提升发挥着越来越重要的作用。杭州市开创性提出的新治理思维和路径，成为创新社会治理、城市治理模式的样本，是杭州市社会治理、城市治理模式创新的形象展示。杭州城市大脑的建设积累了宝贵的经验。

一、加强组织领导

城市大脑建设与过去的信息化应用有着本质上的不同。城市大脑不是政府管理在网络上的简单映射，不是把线下的流程平移到线上，而是以技术手段创新为支点，撬动城市治理的全方位变革。要坚持"最多跑一次"改革的理念，通过应用新技术、推出新场景，从制度设计源头出发，彻底破除"一贯如此"的路径依赖、"习以为常"的思维定式，在更大范围、更宽领域、更深层次倒逼政府自身改革，推动管理服务模式的重塑。

在杭州城市建设和管理的各个方面都有项目的参与，需要强有力的组织协调体系。要将项目作为市委、市政府的重点工程，成立以市领导任组长、各相关部门主要领导参与的领导小组，负责统筹管理项目的建设工作。

二、完善配套政策

以政府为主导，协调各方科学制定建设规划，充分调动各方的积极性，依据服务先行、配套先行的理念，增强通信、交通、网络等方面的基础设施建设。保障投入资金数量，提高政府调动全社会资源配置的能力，吸引和鼓励可控的社会和金融资本投入建设。建立项目绩效评估机制，加强投入与项目产出效益的管理。积极争取国家和省的支持，将更多的试点、示范项目落户杭州市。

三、构建运行机制

确保连续、可靠、安全运行，降低发生故障的概率，提高项目的运行管理水平和服务保障能力，为各领域、各行业工作提供高效、可靠、便利的服务。构建高效的运行服务及管理体系，规范事件管理、问题管理、配置管理、变更管理及发布管理等流程，实现系统分级预警、分时响应、快速恢复。开展相关人员培训，做好日常维护、应急保障、模拟演练、备品备件管理、资产管理和文档管理等。

四、强化人才培育

深化实施杭州市全球引才“521”计划，围绕杭州市发展的需要，面向全球大力引进带着重大项目、带领关键技术、带动新兴学科的海外高层次创新创业人才。深化实施“131”中青年人才培养计划，加强互联网、云计算、大数据等产业人才的培养。着力提升各类人才平台和产业平台对创新创业人才的承载能力，积极探索人才管理改革试验区建设。强化对市级人力资源服务产业园、留学生创业园、大学生创业园，国家级、省级科技企业孵化器的扶持力度，充分发挥美国硅谷招才引智工作站和高科技孵化器的引才作用。

五、确保数据安全

对数据采集、数据传输、数据存储、数据处理、数据交换、数据销毁六个数据全生命周期开展数据安全评估，建设强健的数据资源安全保障体系。建立第三方安全审计、实时监督机制，强化对云数据存储的核心掌控，以及系统开发、运维、数据应用等过程的安全管控，筑牢防数据泄露堤坝，确保数据控制权牢牢掌控在政府手中，并按照既定的规则实施运营。健全网络和信息安全、数据安全应急处置协调指挥和通报机制，强化信息安全、数据安全责任制建设和落实，制定应急预案，提高安全。

六、全局整体规划

（一）总体架构

城市大脑总体构成包括大脑平台（包括计算资源平台、数据资源平台、算法服务平台）、各级数字驾驶舱、行业系统、超级应用（架构于大脑平台和行业系统之上的综合性应用）、区县中枢（支撑区县驾驶舱的创新应用）等。

（二）主要体系构成

汇聚城市海量数据，利用云计算能力，通过大数据、人工智能等技术支撑各行业系统有效运行，有效提升系统能级。进行跨部门、跨领域、跨区域的即时数据处理，实现数据融合创新，协调各个职能系统，致力于解决综合性问题，修正城市运行缺陷，提高城市运行效率。

大脑平台、行业系统和区县中枢之间在数据资源层对接，形成完整的城市数据资源平台。大脑平台的算法服务将为行业系统、区县中枢（及其应用）提供智能化支持。

（三）综合能力体系

综合能力体系体现在如下几个方面。

一是全周期管理。全面实时感知、全程实时分析、全域实时处置。具体来说，就是把城市作为一个生命体、有机体，增强城市大脑的数字化感官、智能化思考、智慧化执行等系统功能，全面实时感知人流、车流、物流、商流、资金流、信息流等城市生命体征每分每秒的细微变化，全程实时分析市民群众“衣食住行、生老病死、安居乐业”的动态、诉求、问题、成因，全域实时处置生产、生活、生态各领域发生的事件，形成全景呈现常态运行情况、精准预警研判风险隐患、高效应对处置突发事件、复盘提出补短堵漏建议的有机闭环。

二是平急结合。平时好用、急时管用。城市大脑围绕城市公共管理、公共服务、公共交通和市政设施等各系统的正常运行提供数字化支撑，为防范化解公共卫生事件、安全生产、重大活动、自然灾害等重大风险提供解决方案，推动一般常见问题及时处理、重大疑难问题有效解决、风险防范关口主动前移，真正做到收放自如、进退裕如。具体能力建设如下。

（1）感知能力建设。通过接入、汇集政府、企业、运营商和互联网企业的海量多源数据资源，即时动态感知城市运行的状态，动态监测交通运行、生态环境、社会治安、医疗卫生等综合态势。

（2）认知能力建设。通过汇集的海量感知数据资源，依托云计算、大数据平台，形成基于机器智能模式的对城市态势和状态的认知。

（3）治理能力建设。在对城市状态和态势认知的基础上，结合机器智能和专家智能，通过人工交互、迭代计算、多重验证的方式，提出城市治理优化方案。

（4）指挥控制能力建设。针对城市管理出现的突发状况，实时联合多部门协同，形成联合应急指挥能力，并为指挥决策提供基于大数据分析的参考。

（四）技术支撑体系

构建计算平台、数据资源平台和 IT 服务平台，形成技术支撑体系。

（1）计算平台。通过大规模分布式计算内核将计算、存储及网络变成统一的计算服务，并在此基础上提供云数据库、大数据处理、分布式中间件服务，提供足够的计算能力。

（2）数据资源平台。汇聚海量数据，通过技术和机制的创新，提供标准接口，实现政府数据、城市公共服务数据、运营商数据、互联网数据等的统一归集、统一管理和共享开放，使数据资源更为广泛地有效应用，实现数据资源的保值增值。

（3）IT 服务平台。提供服务中间件、数据服务及管理、应用服务、应用质量管理等，为应用提供服务支撑。构建一套能够为政府、企业和个人提供公共计算、数据服务的城市运行基础设施体系，提供人工智能创新服务平台。

（五）数据资源体系

城市大脑建设的基础是海量数据的集成，接入的系统和平台越多，信息数据越多，城市大脑就越聪明，规模效应就越明显。但是，由于许多系统和平台的格式标准与城市大脑的不一致，只有特定场景的数据对接，覆盖范围、推进速度、融合程度与目标要求还有较大差距。

城市大脑按照“范围全覆盖、数据全口径、标准全统一”的要求，加快推进各系统和平台特别是在杭垂直机构、国有企业等系统和平台的有效接入，应接尽接、能快则快，实现跨区域、跨层级、跨系统、跨部门、跨业务互联互通、共建共享。全力推进城市大脑中枢系统建设和核心技术研发，加快实施协同计算设施建设，进一步丰富城市大脑的算法库，有效实现数据融合创新。

依托数据资源平台，汇聚城市数据资源。采集政府和公用事业单位的政务数据、城市运行中所产生的各类数据及互联网数据，进行数据处理、集中融合分析、决策应用，提升政务治理、城市运行管理、公共服务和产业转型升级等方面的综合能力。

通过数据资源平台建设，建立统一规范、安全可控、充分共享的城市数据资源中心，实现城市数据资源跨区域、跨层级、跨部门、跨时间的互联互通、融合共享，为政府统筹规划和科学决策提供支撑。

依托数据资源平台，建设政府数据统一开放平台，实施公共机构数据开放策略，推进公共机构数据资源统一汇聚和有序开放。

（六）应用服务体系

依托提供的计算平台、数据资源平台和 IT 服务平台构建应用服务体系。重点围绕交通治理、城市管理、公共安全、生态环境、健康医疗、住房保障和社会信用等领域，强化跨行业、跨部门的智慧融合，促进业务的快速反应和政务的高效协同，提升政府智慧治理能力，打造精准主动的公共服务体系，促进智慧创新。

（七）标准规范体系

建设的标准规范体系包括总体设计、数据资源、安全保障、项目管理、数据质量等方面的标准规范，公共数据开放标准，场景、建设方法论，驾驶舱建设方法论等。

（1）总体设计标准规范。包括架构设计标准（规范计算平台、数据资源平台、IT 服务平台基础架构，全局数据调度、全局计算调度和全局服务调度能力），基础网络标准（规范接入控制、带宽分配、变更策略、内容审查、应用审计等），数据中心标准（规范存储和计算资源的分配、管理、审计，规范各领域云平台配额、管理、审计等）。

（2）数据资源标准规范。数据资源标准规范的技术约束，涵盖数据的采集、存储、应用、归档等全生命周期需遵循的标准（数据采集、数据存储、数据应用、数据归档等）。

（3）安全保障标准规范。安全保障标准规范包括统一认证管理（身份鉴别、权限分配、角色管理等方面的流程、注意事项的约束），网络安全（对网络安全使用、运维，突发网络安全事件的分类、定义、评估、分级，应急管理、指挥、恢复计划等），系统安全（软件系统、服务器系统的安全使用和维护），数据安全等方面的标准。

（4）项目管理标准规范。建立约束项目实施、验收、监督、审计等全过程的项目管理标准。

（5）数据质量管理规范。明确质量管理范围，设定切实有效的验证规则和评价指标。覆盖数据采集清洗监测、数据加工处理监测、数据质量优化全过程，形成线上质量监控闭环。

（6）公共数据开放标准。制定公共数据开放标准，明确各类数据的开放属性（公开、限制公开、不公开），统一政府数据开放、指标口径、分类目录、交换接口、访问接口、数据质量等关键共性标准。

（7）场景、建设方法论。

（8）驾驶舱建设方法论。

1. 建设计算平台

搭建分布式计算资源平台，提供足够的计算能力，支持海量数据即时调度、处理。计算平台应达到以下能力要求。

（1）具备跨多个部署单元的计算能力，包括跨多个单元的计算资源的统一调度，跨多个单元的数据的统一存储，跨多个单元的数据在统一框架或同一任务中计算。

（2）在应急状态下，可集约、有效组织和配置多个部署单元的计算和存储资源，服务于单个任务。

（3）支持包括批量（离线）计算、流式计算、图计算、实时计算和机器学习在内的多种计算框架。

（4）提供支持万路级别视频数据的实时处理能力。

2. 建设数据资源平台

数据资源平台提供全面的数据归集治理、资源目录管理、数据交换共享、挖掘分析、安全运营的能力。以人工智能驱动原始数据从感知层到决策层的传输；整合汇集各政府部门、公用事业单位、行业系统、区县中枢的各类数据及互联网数据，进行数据处理、集中融合分析、决策应用，提升政务治理、城市运行管理、公共服务和产业转型升级等方面的综合能力。

针对不同类别的数据，支持批量采集、实时流采集、交互式采集及互联网爬虫采集等方式，并将清洗、转换处理后的数据加载到其中，为多维数据的融合分析提供数据支撑，实现城市信息资源跨区域、跨层级、跨部门的互联互通、融合共享，为城市管理者对特定业务场景进行数据研判、管理控制和决策指挥提供依据。数据资源平台应达到以下能力要求。

（1）支持数据资源统筹管理、统一算用。包括：统一的用户体系、统一中控、统一数据资源目录、统一数据应用服务接口、统一授权；整合打通已有的外部数据，盘活数据资产；获取互联网上的Web数据及物联网数据。

（2）具备完备的数据加工能力。建立统一、规范、标准化的数据采集体系，确保采集数据的鲜活、准确；提供基于业务逻辑的数据的分类、清洗、筛选、重组能力；支持非结构化数据的识别、提取、分类、打标能力。

（3）具备完善的数据安全保障机制，支持密级划分、传输加密、安全交换与隔离、实时审计，提供灵活的数据资产共享和授权机制。

3. 构建算法服务平台

建设集算法管理、资源管理、业务场景管理、指标评估、监控预警等于一体的城市算法服务平台，在体系架构上快速构建面向解决行业自身问题的人工智能算法模型开发、部署和生命周期管理。

综合融合利用跨行业的数据，包括离线、在线、专有计算环境等数据，管理不同机器学习框架下的不同算法；利用一体化的城市算法服务平台定义并实现各平台间的数据流转、模型管理的规范，提高算法复用的能力，降低多部门多单位协作算法开发的实践难度。

在完善解决行业问题的算法及模型的同时，形成对其他行业系统可复用的算法模型。实现通用算法的积累，提高算法复用程度和利用率，丰富通用算法库。基于人工智能算法服务平台的标准化的统一接口，快速封装扩展新的行业系统数据智能应用。城市算法服务平台提供如下人工智能基础能力。

（1）支持多种主流深度学习框架、算法组件和一体化算法管理。

（2）基于语音识别、语音合成、自然语言理解等技术的人工智能语音开放算法服务平台。

（3）大规模视频码流分发管控、视觉计算资源调度管控、实时流数据并行处理、智能规则配置、目标检测算法引擎等人工智能视觉计算服务平台。

4．建设区县中枢系统

遵循建设的相关标准规范和技术体系，开展区县中枢建设。连接区县中枢，获取数据及算法服务，为区县建设基于自身特色的应用提供服务。同时，区县中枢根据统一要求，向大脑传送相关数据，实现杭州市在全域一个大脑指挥下的分工协作、联动发展模式。

各区县中枢、行业系统以数据共享、互联互通为重点，做到顶层规划、统一平台，突破区划、部门、行业界限和体制性障碍，充分整合基础设施资源、公共信息资源和终端资源，充分利用计算能力和算法服务能力，实现覆盖杭州市全域的城市治理智能化、集约化、人性化。积极拓展新业务，创立数据特区模式，鼓励区县先行探索，先行先试，建设面向市场的创新型特色应用。数据特区内的创新业务迭代成熟后，向全市、全行业推广。

强化综治工作、市场监管、综合执法、便民服务“四个平台”建设，将行政执法、环境保护、安全生产监管、食品药品监管等社会管理服务事项纳入网格。“四个平台”建设是互联网+社会治理方式的具体实现，是牢牢把握互联网发展新机遇，充分运用现代科技手段，深化“互联网+社会治理”应用，以“互联网+”驱动公共服务、公共安全、矛盾化解、风险预警、网格管理、基层自治等的模式创新，将加快释放“互联网+”在社会治理领域的新动能。

“四个平台”建设突出了固本强基的基础治理理念、民生保障理念、“互联网+社会治理智能治理”理念，以及党政主导、社会共治理念。

“四个平台”建设的功能是，促进基层社会治理基础更加牢固，社会合作共治体系更加完善，社会治安防控能力更加成熟，大平安建设更加深入，基层治理社会化、法治化、智能化、专业化、精细化水平更加提升。这就需要将“四个平台”建设与平安中国示范区建设结合起来。

小贴士

专家、城市管理者关于城市大脑的解读（2）

中共浙江省委常委、省委宣传部部长朱国贤举例称，杭州市有条穿城而过的高架路全长 22 千米，城市大脑接入后，出行时间平均节省了 4.6 分钟，大概是 10%的时间；萧山区 104 个路口信号灯自动调控，车辆通过速度提升了 15%，平均节省时间 3 分钟；杭州市城管系统的便捷泊车，扫码一次，终身绑定，全城通停，目前全市有 30.3 万个泊位实现了“先离场后付费”，极大地提升了停车的便利性。通过城市大脑优化交通管理后，杭州市的交通整体拥堵情况有了明显改善，交通延误指数从 2014 年最高时的 2.08 降到目前的 1.64 左右，拥堵排名从 2014 年全国第 2 位降到 2018 年的第 35 位。又如卫健系统，城市大脑推出了“先看病后付费”舒心就医，而且推行“最多付一次”服务，杭州市已有 245 家公立医疗机构接入[①]。

复习思考题

8.1 城市大脑的实践样本为什么是杭州市？

8.2 杭州市的城市定位是怎样的？

8.3 杭州市市政管理的困境有哪些？

8.4 城市大脑在杭州市的应用案例有哪些？

8.5 城市大脑在杭州市的应用有哪些经验？

① 新浪网，https://tech.sina.com.cn/i/2019-09-18/doc-iicezueu6693892.shtml

第九章

城市大脑的启示与可复制性

学习目标

- 了解杭州城市大脑的启示
- 熟知杭州城市大脑建设经验的可复制性
- 明白中小城市建设智慧城市的困难及解决办法
- 了解其他城市如何借鉴杭州市的经验

第一节　杭州城市大脑建设经验的可复制性

一、城市发展过程中面临问题的相似性

从城市建设的问题角度来看，城市在发展中面临的问题是相似的。以前，无论政府如何花费巨资来建设智慧城市，都无法根治诸如交通拥挤、供水不足、能源紧缺、住房紧张、秩序混乱、环境污染、物质流/能量流的输入/输出失调、需求矛盾加剧等“城市病”。

过去 20 年，城市治理者只是从单一的硬件投入着手，并没有清晰地认识到一个城市最具战略价值的是数据，城市治理的本质是网络协同。因此，也就无法解决

数据多但效果差、单点强但全局弱、科技新但落地少的问题。阿里巴巴集团技术委员会主席王坚曾表示，现在所处的“智慧城市”的大脑是缺失的，城市管理者也并不将数据视为城市的资源，而大数据才是城市发展的战略性资源，计算能力中蕴含着城市的新发展动力。

二、国家政策的支持与扶持

从城市大脑建设的基础讲，全国各地多个城市已经有了相应的软/硬件基础。

在政策方面，自 2013 年起，智慧城市的试点工作就轰轰烈烈地展开，国家各部委陆续出台了一系列政策措施来推动智慧城市试点的稳步发展。

住房和城乡建设部分两批实施了 193 个智慧城市试点项目，这些试点具有重要意义。

在科学技术部和国家标准化委员会联合发布的《关于开展智慧城市试点示范工作的通知》中，共 20 个城市被选为标准试点城市来开展“智慧城市”的技术工作，各试点城市的工作成果将汇总形成一份中国智慧城市的技术标准体系，以便未来在全国其他城市继续进行推广，推广还会带来支持和培育中国智慧城市的创新链和产业链的正向积极影响。这 20 个城市是成都、大连、大庆、哈尔滨、合肥、惠州、济南、南京、青岛、武汉、深圳、太原、无锡、西安、向阳、阳泉、扬州、延安、杨凌示范区和克拉玛依。

工业和信息化部公布了国家信息消费试点城市，首批共有 68 个，其中包括北京市、天津市、上海市和大多数省会城市，浙江省、江苏省、河北省、四川省、山东省和广东省分别入选了 4 个城市。

工业和信息化部及国家发展和改革委员会指定了 2014 年的“宽带中国”示范城市（城市群），其中包括北京市、天津市、上海市和长株潭城市群等 35 个省属市县 39 个（城市群）。

2014 年 1 月 15 日，国家发展和改革委员会、工业和信息化部等 12 个部委联合下发《关于加快实施信息惠民工程有关工作的通知》，提出要围绕当前群众广泛关心和亟待解决的医疗、教育、社保、就业、养老服务等民生问题，选择信息化手段成效高、社会效益好、示范意义大、带动效应强的内容作为工作重点，着力解决薄弱环节、关键问题，增强信息服务的有效供给能力，提升信息便民惠民利民水平。信息惠民是从民生服务的视角来践行推动智慧城市的非常重要的工作。

2014 年 3 月 16 日，《国家新型城镇化规划（2014—2020 年）》中的“智慧城市建设”部分提出，城市要作为一个整体来发展物质资源、信息资源和智力资源，促进物联网、云计算、大数据等新一代信息技术的创新，深度结合城市经济和社会发展，加强信息网络数据中心等信息基础设施建设，促进跨部门、跨行业、跨地区政务信息共享和业务协作，加强信息资源开发和利用的社会化，促进智慧化信息应用和新型信息服务，促进城市规划和管理的信息化、基础设施智能化、公共服务的便捷化、产业发展的现代化，以及社会管理的精细改进，提高城市信息系统和关键信息资源的安全保障能力。在“开展试点示范”一章中指出：“继续推进创新型城市、智慧城市试点项目。深化中欧区域合作与伙伴关系，扩大与其他国家和国际组织交流的合作平台，开展形式多样、领域广泛的务实合作。”

2014 年 8 月 27 日，国家发展和改革委员会、工业和信息化部等八个部委联合印发了《关于促进智慧城市健康发展的指导意见》。意见指出：到 2020 年，建成一批综合竞争优势明显提高，特色鲜明的智慧城市，聚集和辐射带动作用大幅增强，在保障和改善民生服务、创新社会管理、维护网络安全等方面取得显著乐观成效，促进公共服务智能化、城市管理精细化、居民生活便捷化、网络安全长效化。

以上几项政策，加上 2013 年 8 月 14 日发布的《国务院关于促进信息消费扩大内需的若干意见》，为智慧城市建设发展指明了方向。

在技术方面，信息基础设施是城市基础设施的重要组成部分，是智慧城市的重要支撑。在信息时代，信息基础设施条件对一个城市的经济、社会发展有着重要的影响。物联网、云计算、移动互联网、大数据等新一代信息技术应用的快速发展，对城市信息基础建设提出了新的要求，即带宽更高、传输容量更大、更安全。

2015 年 5 月，国务院办公厅印发了《关于加快高速宽带网络建设推进网络提速降费的指导意见》，支持城市信息化水平提高。此外，电信网、广播电视网和互联网融合（简称“三网融合”）对于促进文化产业发展，推进社会信息化，提高人民群众生活水平，拉动国内消费需求，形成新的经济增长点都有重要意义。除了网络基础设施，越来越多的城市建立了云计算中心、大数据中心、数据灾备中心等信息基础设施，为各级党政机关和企事业单位提供数据存储、数据处理、数据分析、数据管理、数据安全等方面的服务，这也成为建设城市大脑的重要技术基础。

三、杭州城市大脑建设经验值得借鉴与推广

从城市大脑建设的技术成果来看，杭州城市大脑的建设经历了充分的考验，其经验可为其他各城市学习与借鉴。城市大脑必定是未来城市发展的趋势。

基于中枢系统的杭州城市大脑模式，在技术方面体现出了超前的应用意识和能力，在城市治理方面发挥了巨大的作用。在城市大脑建设方面的经验也是可以复制和推广的。另外，作为一种新型政府治理能力的体现，杭州城市大脑在惠民、利政方面体现出的价值越来越显著，为其他城市管理者提供了借鉴的范本。

城市大脑杭州模式建设特点如图 9.1 所示，具体如下。

图 9.1　城市大脑杭州模式建设特点

（1）轻量级部署。快速部署实施，快速迭代开发，城市大脑的部署实施变得更加容易。相比传统城市大脑建设成本动辄几亿元、几十亿元，杭州模式的成本显然十分低廉。

（2）最小化启动。城市之间的问题往往不一样，杭州市要解决交通堵塞的问题，而一个县城则不需要，所以要用最小化启动，先解决老百姓迫切需求的问题，这是根本的根本。

（3）应用驱动。以需求为导向、问题为导向的解决问题思路是城市大脑的根本。

（4）智能进化。由于中枢负责连接系统，系统进化、数据沉淀，使得大脑整体可以智能进化。相比传统信息化的反复推倒重来，杭州城市大脑中枢化模式显然具有不可比拟的优势。

第二节　中小城市城市大脑建设的困境

根据《国务院城市规模划分标准》，中小城市占我国城市总数的 95%以上。中小城市可以建设城市大脑，但是与大城市不同，中小城市智慧城市建设存在几个方面的建设困难，主要表现如下。

一、城市管理思维落伍

城市管理思维落伍主要表现如下。

（1）一体化的城市治理、政府治理的顶层设计不到位。齐抓共推的氛围还没有完全形成。城市管理作为政府的职能之一，工作非常繁杂，而且没有明确的界限。有的部门、区县还存在与己无关的思想，或者等着牵头部门来推动，缺乏主动参与的意识。

（2）不同城市的特点差异大，有的城市着力发展旅游，有的城市着力发展工业或者制造业，对城市数字化基础设施的要求各不相同。

二、数据多、效果差

中小城市信息化基础薄弱，数据采集网络、数据标准统一、系统互联互通方面均与大城市有较大差距。条块信息分割严重，单点强但整体弱。

一个形象的说法是“打地鼠”问题。目前的交通网络是复杂多变的，单独靠安装单点智能摄像头或者智能交通灯是无法解决根本问题的。十字路口的交通拥堵和公共安全事件会动态地转移到附近的路段，旧的问题没有解决，又会产生新的问题，自然什么问题都无法解决。整体而言，市民的整体旅游效率也没有得到提高。事实上，我国交通信号灯的“单点优化”已经遇到效率瓶颈。

大数据时代的矛盾是管理一个城市庞大的公共数据和全面控制效果之间的冲突，城市中每天都会产生关于环境、设备的海量数据，市民日常生活也在产生活动数据，可以说环境数据（城市环境传感器、摄像头、电磁线圈产生的数据），如在线再造工程“数字城市”的镜像等产生的数据，非常之大。然而，监管者不能全知全能，由人力难以分析出城市“数据海洋”下隐含的真实交通需求。

从解决实时交通这个社会问题的初衷切入来进行考虑，是一个很好的出发点，但由此开始产生的“人治”交通模式并不如人意，而往往会落入“硬件建设——交通拥堵”的怪圈。尽管为了提高交通、公共安全、环境保护能力，国内的许多城市每年都会安装许多摄像头、铺设线圈和其他硬件设施，但是一个城市所有相机记录的视频数据量相当于 1000 亿幅图片，一个人看完这些视频数据需要 100 年以上。因此，大量视频数据仍然处于“睡眠”状态中，对于最直观的数据，监管部门能够参考的甚至不到 10%。重复建设不同的监管硬件，会导致越来越多的数据孤岛出现，这样做也不能保证能够最终解决问题。

三、建设资金短缺

在过去的 20 年里，尽管智慧城市的建设花费了大量的资金，但并未治愈“城市病”。但是，城市大脑建设所需的资金并没有智慧城市建设投入的资金多。城市大脑建设不是另起炉灶，而是通过打通数据瓶颈，通过智能化手段，提升各个信息化系统，从更高的层面思考、实践城市治理、民生服务。

如何提高有限资源的利用率，产生切实有感的效果，是城市大脑面向中小城市行业落地的又一巨大挑战。

四、科技新、落地少

在城市化过程中，高新技术如人工智能等引发了城市管理系统和当前执法流程的一系列变化。单一的技术制造商，单一的软件和硬件产品形成了新的“科技孤岛”，因此“开放性”数字创新技术的关键是城市转型升级的成功或失败。“云原生”应用服务提供商可让现有系统顺利迁移，同时互联网级的数据开放平台和 PB 级的数据治理体系让更多的全球生态伙伴和行业企业参与进来，在同一个开发标准下，实现迭代创新、集成创新和群体创新。

封闭技术着陆难题的一个反例是，当下流行的“人脸识别”技术在交通场景适用范围小且推广困难，道路摄像头安装在 6～12 米高的路灯杆上，加上天气环境因素，相机的分辨率不高，单一产品转换的行人识别难度很大，而使用手持设备进行人脸识别又会导致警察人数的短缺和人海战术的沉疴。因此，单点“解药”不能根治复杂的“城市病”。

第三节　国内城市如何借鉴

我国国内一些城市既借鉴了杭州城市大脑的做法，又有所创新。据不完全统计，全国 500 多个城市，包括拉萨、呼和浩特等在内的所有省会城市和大城市基本上都提出要建城市大脑，不少地方的推进力度很大、势头很猛。2020 年 4 月 13 日，上海市召开全市“一网通办”“一网统管”推进大会，明确了“一屏观天下、一网管全城”的目标定位，组建了上海市城市运行管理中心。2020 年 4 月 25 日，湖州市与阿里巴巴、蚂蚁金服签署战略合作协议，提出要将湖州市打造成为全国首个支付宝“数字生活城市”，计划推出数字商贸、数字文旅、数字教育、数字健康、数字交通、数字政务及超级菜场等多种便民服务。

一、北京市东城区“大城管”治理

作为首都功能核心区，北京市东城区有一套首善一流的标准，在该标准的指导下，东城区创新城市智慧化的治理结构，通过集成现代城市管理的功能，打破过去部门分割的管理模式及城市管理部门逐渐利益化的趋势，最终形成了集规划、建设、管理、指挥、协调于一体的治理模式，即“大城管”治理模式。

首先是网格化管理模式，它构成了集成的公共服务治理平台。按照“边界清晰，工作方便，适当大小”的原则，北京市东城区共培养了以 589 个社区为单位的根基网格和 2314 个城市管理单元网格，此外还有城管、工商、公安、卫生等专业管理网格。在网格化管理模式下，一旦城市日常管理中出现问题，城市管理者就可提供“一口受理、一口办理”的一站式服务；同时，城市问题接受公民监督，问题处理过程及解决成果完全公开。

此外，北京市东城区还使用“互联网+”的方式，尽力整合城市中的公共服务资源。以智能终端、有线电视、语音通话和自媒体平台作为传播渠道，社会服务、公共服务的城市管理资源能为大众提供政府、公用事业、便民信息等多种服务和宣传，最终形成小区、街道、社区和网格“三级平台、四级管理”的组织体系，网格化城市公共安全应急监测管理能力和城市政府现代化治理水平有了进一步的提高。

二、上海市浦东新区多维度治理

新的信息技术改革和知识经济共同作用催生出“智慧城市”的概念，而“智慧城市”也是信息化、城市化、工业化再次融合后的建设内容。

上海市政务服务“一网通办”、城市运行“一网统管”，是上海市瞄准一流治理创设的两大品牌。习近平总书记2019年在上海市考察时特别提及这“两张网”，称其是“牛鼻子”工作，并强调要坚持从群众需求和城市治理突出问题出发，把分散式信息系统整合起来，做到“实战中管用、基层干部爱用、群众感到受用”。

上海市浦东新区曾是全国改革开放最前沿的城区之一。浦东新区在新浪潮下迅速反应，敏锐地利用其自身经济社会发展和信息化技术的领先优势，开始着手进行“智慧城市”的发展和布局“智慧浦东”，这是其打造城市治理的新手段。

基于政府、社会、市民三者的协同化、网络化、数字化、智慧化，上海市浦东新区完善“智慧城市”基本设备，创新“智慧城市”公共管理和服务，加强“智慧城市”信息服务经济建设，提高“智慧城市”人文科学素质，推进智慧城市市民主观感知，实现“智慧城市”软环境发展，并以此为 6 大维度来建立“智慧浦东”的标准，给我国“智慧城市”的建设提供了可借鉴的模板与经验。

三、佛山市禅城区信息共享治理

禅城区是广东省佛山市的政治、经济、文化中心，为促进城市治理人性化、疏通城市交通、提供便民服务，禅城区通过点面结合的方法来开发“智慧城市”。

禅城区的“智慧城市”建设落脚于电子政务云计算数据中心。电子政务云建设包含区“电子政务中心机房改造”和“电子政务云计算平台建设”两个项目，目的是统筹全区硬件设备资源，提高设备的使用效率和系统运行的可靠性，逐步将中心机房现有应用系统整合到云计算平台，在实现维护成本最小化同时增强服务能力。

同时，跨层级、跨部门数据共享通过建立区级数据中心落实。区级数据中心建成后，禅城区 37 个部门 260 个类别的政务信息将通过统一的标准进行共享，数据在平台上彼此配合交换，且与省市级别的平台进行技术对接。2012—2013 年，仅政府一项重点工作，就有高达 19 万条数据通过数据共享交换平台实现共享，不仅大大丰富和规范了政府内部重点工作手段，而且有力地推进了城市政府协同工作和现代化治理能力。

四、几大城市智慧城市建设的经验

几大城市智慧城市建设的经验如下。

（1）智能治理，其中高成本投入至关重要。无论是北京市东城区还是上海市浦东新区，随着“智慧城市”的建设，现代化的城市治理水平都得到了极大的提高。要提高城市基本服务的运行能力和智能管理，前期需要投入大量资金。一方面，高水平的城市管理和现代城市治理能力必然依赖大量的初始资金。城市研究专家王国平指出：“城市管理是生产力，城市管理是竞争力，是一个城市最大的优势和最重要的战略资源。”另一方面，通过创造大量的资本投资，进一步阐明制度机制的管理、信息和资源的基础，这样才能实现协同效应的管理，提高城市管理的绩效。

（2）以高层规划为前提的多元化治理。可持续发展是城市管理的主要内容，而城市全面推进职能优化，确保有效实施城市规划和城市建设有序推进，是一个标准化的城市治理的标志。比较各国政府在城市治理领域的工作会发现，城市治理现代化实力和城市治理现代化水平呈正比关系，因此城市的规划工作无疑需要一个高的起点，且规模制定后需要严格执行。从另一个角度来看，有高起点规划的城市必须要有高水平的城市治理。与此同时，城市居民的反应对高起点规划至关重要。只有广泛的公众参与才能实现高水平的规划，否则政府官员或学术专家的研究决策将无法实现良好治理的目标，更不用说治理的现代化。

上海市的“两张网”连接着城市治理领域一系列变革——从人力密集型向人机交互型转变、由经验判断型向数据分析型转变、由被动处置型向主动发现型转变。而实现这些转变，终究要依靠流程再造和改革创新。

（3）高度合规的治理合法化是关键。在现代城市治理中，不论现代高科技手段怎样，智慧城市管理者才是起决定作用的因素。在城市中，城市管理系统的设计和执行具有法律威慑力，而合法执行是关键点。

城市大脑作为新型智慧城市的突出代表，可以真正驱动城市的思考，相比传统的智慧城市，显然是重大的创新，特别是中枢的理念和做法，将在未来 30 年内深刻地影响城市信息化的发展道路。

第四节　国外智慧城市的发展现状

目前，国内外都意识到建设智慧城市是加快产业转型升级、推动创新型城市建设的重大战略举措。对城市来说，这也是一个难得的发展新机遇。今天，全球超过400个城市正在竞逐最有智慧城市头衔，2013年全球7大智慧城市分别是美国俄亥俄州的哥伦布市、芬兰的奥卢市、加拿大的斯特拉特福市、中国台湾省的台中市、爱沙尼亚的塔林市、中国台湾省的桃园县和加拿大的多伦多市。

尽管各国“智慧城市”的名称大同小异，但建设的重点和规划的技术不尽相同。各个国家和地区会根据自己的国情及技术状态来制定建设智慧城市的国家战略。本书选取有代表性的几个国家进行介绍，以便从中找到有益的规律和可以借鉴之处。

一、美国

2009年9月，美国爱荷华州迪比克市宣布和IBM合作，共同进行美国的第一个“智慧城市”的建设，计划中迪比克市未来是一个拥有6万人、高科技设备齐全的社区。迪比克市“装备”了一系列新的IBM数字化技术，连接该市的所有资源（如水、电、石油、天然气、交通和公用事业资源），以检测、分析和集成数据，并智能地响应市民的需求。

美国也有下列关于城市信息的方案和措施。

（1）建设现代化城市电网。2009年初，美国总统巴拉克•奥巴马在《经济复苏计划》的进展报告中宣布，计划在未来3年内安装4000万台智能电表，并投资40多亿美元对电网进行现代化改造。此前，美国内华达州克拉克县博尔德城就推出了智能电网，目前项目用强大和富有活力的电力和通信系统取代了原来的设计，并通过销售网络高速实时双向通信服务，远程监控变电站转换来优化性能，如“智能”

变电站实时数据传播。

（2）开发虚拟车辆设计平台。美国伊利诺伊州立大学开发的车辆设计系统允许来自不同国家和地区的工程师通过计算机网络实时协作进行设计。这项技术应用于人们的生活环境，可使人们在虚拟世界中完成现实生活中的连接，在虚拟环境中进行远程合作，创建一个无所不在的智能协作环境。

（3）“智能道路照明”项目。2009 年 4 月，美国加利福尼亚州的圣何塞市开始开发名为“智能照明道路”的项目，项目的技术控制网络与灯具种类无关，这样做的优点是能够降低运营成本、节约能源、改善服务质量和实施远程监测。项目的目的是降低成本和改善服务，尽早排查失效路灯，实施远程监控，调光或平衡光输出，将道路改造成为更安全和美观的街道，其中城市新型灯具的效率是整个计划的基础。

（4）联邦旅行系统。该系统包含两个主要的子系统——智能基础设施和智能交通。智能基础设施子系统包括动脉管理、高速公路管理、意外预防及安全保障、道路天气管理、道路作业和维修、运输管理、交通事故管理等内容。动脉管理主要包括对交通和基础设施的监控、交通控制、道路管理，停车管理、信息传播和自动执法；高速公路管理包括交通和基础设施监控、匝道管控、道路管理、特殊活动交通管理、信息传播和自动执法；意外预防及安全保障包括道路几何预警、铁路穿越预警、交叉口碰撞预警、自行车预警及动物预警；道路天气管理包括天气和道路条件的监控、检测和预测等。智能交通子系统包括防撞保护、驾驶者助手和碰撞信息发布在内的智能交通工具。

二、英国

2007 年，英国在格洛斯塔德发起了“智能住宅”试点项目，该项目在住宅周围安装传感器，传输的信息使得中央计算机能够控制各种家庭设备。老人的走动在屋内被红外线和感应式坐垫自动监测，房子配备的医疗团队能够测量心率和血压等参数，结果自动传送到医生。

2009 年 6 月，英国发布“数字英国”计划，该计划利用移动网络和产品优势，在城市为分布的企业提供快速、有效的语音、数据、视频多媒体应用平台，并且计划在2012年让宽带网络覆盖全部人口，打造数字之都。

伯丁顿社区是英国最大的可持续低碳社区，它的建设是为了提高能源使用效率。社区的屋顶是一个自然通风装置，气体在两个管道内输入与输出，外部冷空气进入和室内热空气离开时会发生热量交换，从而在取暖时节约能源。良好的隔热设计、智能取暖和自然照明及综合利用可再生能源（如太阳能、风能和生物能源），使得伯丁顿社区可以节省相比于周边正常居住区 81%的供暖消耗和 45%的电力消耗。

三、荷兰

荷兰首都阿姆斯特丹市是欧洲智慧城市建设的典范，也是世界上最早开始智慧城市建设的城市之一，其智慧城市建设主要由可持续性生活、可持续性工作、可持续性交通及可持续性公共空间 4 个主题组成。

（1）可持续性生活。阿姆斯特丹是荷兰最大的城市，共有 40 多万户家庭，占荷兰二氧化碳排放量的三分之一。为了改善环境，该市启动了“西奥兰治”和“格兹恩维尔德”两个项目，通过智能节能技术减少二氧化碳排放和能源消耗。“格兹恩维尔德”项目的主要组成部分是给 700 多户居民安装智能电表，显示设备的能量反馈，促进居民关心能耗并学会在家中建立节能方案。在“西奥兰治”项目中，500 户家庭将使用一种新的能源管理系统进行实验性安装，目标是节约 14%的能源，并减少等量的二氧化碳排放。

（2）可持续性工作。智能建筑是一种在不影响建筑的办公和住宿功能的情况下，最大限度地减少能源消耗的系统，它在对建筑能源使用的具体数据进行分析的基础上，以最有效的方式运行。为使阿姆斯特丹大厦合理和有效利用资源，阿姆斯特丹推出了面积为 38000 平方米的 ITO Tower 智能大厦工程试点项目。

（3）可持续性交通。阿姆斯特丹的移动交通，包括汽车、公共汽车、卡车和游船等，由于二氧化碳排放，对城市环境产生了严重影响。为了解决这个问题，该市实施了“能源码头”项目。该项目取代了污染最严重的旧石油生产发动机，在阿姆斯特丹港的 73 座发电厂安装了 154 个电源插座，为游船和货船的装载提供了便利。

（4）可持续性公共空间。乌特勒支大街是位于阿姆斯特丹市中心的一条两边满是咖啡馆和旅店的狭窄的、拥挤的街道，同时也是具有代表性的街道。来回穿梭运送货物或者搬运垃圾时，小型公共汽车和卡车经常造成交通拥堵，2009 年 6 月，该市启动了“气候街道”项目，用于改善之前的状况。

四、日本

日本高度重视信息化城市建设，希望通过建设智慧城市，改造整个经济和社会，创造新的活力，实现积极自主创新。2009 年，日本政府 IT 战略部门制定了《i-Japan 战略 2015》，旨在将数字信息技术融入生产生活的各个角落。目前的目标集中在三大公共服务领域——电子政府、卫生信息服务、教育和人才培训。在上海世博会上，日本馆主打“连接”主题，以最新技术给世人展示 20～30 年后的城市生活智慧，特别是配备了互联网和物联网的“未来邮局”，除收发邮件外，也可以实现人员和货物的智慧交互。

泛现网络环境是一种状态，在这种状态下，互联网在任何时候、任何情况下都可以完全互联。通过实施这一战略，日本政府希望发展新的产业，以支持日本的中长期经济发展。此外，建立的电子病历系统已在东京医院广泛应用，它将各种临床信息系统和数据库知识整合，譬如关于住院患者的信息、背景资料等，自动为护士和医生提供诊断和治疗活动所需要的信息，如检测、注射、治疗等。此外，医院还使用笔记本计算机进行医生的移动访问和床边的护理工作，落实无线网络化和移动化，以及诊断和治疗的数字化，无须纸张或胶片。

五、韩国

2004 年 3 月，韩国政府推出了 U-City 发展战略，建设城市无线网络和无线应用，基于无线传感器网络，韩国将所有资源数字化、网络化、可视化、智能化，以改善公共服务。

目前，韩国的规划非常明确：智慧城市的建设是一个长期的发展过程，只能采取循序渐进的发展模式，并且分解为几个逐步实现的目标，包括互联阶段、丰富阶段和智能阶段。目前，韩国政府正在优先建设网络基础设施。2009 年，韩国仁川市宣布与思科公司（美国）合作，以网络为基础，提高城市管理各方面的效率，努力创建一个绿色、信息丰富、可访问、生态和智能的城市。依托于公共通信综合平台和无处不在的网络接入，消费者不仅能轻松访问远程教育，进行远程医疗和税收事务处理，而且可以智能控制房间能耗。

仁川市宣布创建一个智能城市，建设重点是卫生、教育和商业领域基础设施的计算机应用。公众不需要去医院看医生，医生可以通过特殊的医疗设备了解病人的体温、脉搏等；通过视频会议系统，韩国学生可以实时咨询太平洋彼岸的美国教师。在松岛的“未来之家”，数字电视是连接世界其他地方的交汇点。通过电视的触摸屏，不仅可以获得所需的信息，而且可以很容易地坐在家里与公司的同事开会，或者远程咨询医生，了解人们应对疾病所需的信息资源。

2009 年 12 月 9 日，韩国启动 Build Broad & IPTV（互联网协议电视），开启了韩国 IPTV 电子政府时代，政府可以利用 IP 提供双向公共服务。目前，首尔市计划宣传首尔市文化新闻、视频和主要旅游景点信息，采用视频传达给公民，而且还通过 IPTV 播放广告招标采购和地铁交通信息。此外，通过电子 IPTV，市民还可以在家里进行民事、行政、税收等事务处理。

六、新加坡

2006 年，新加坡推出了“智慧国 2015”计划，该计划希望到 2015 年，通过信息技术（包括物联网等）使得新加坡发展成为信息化、国际化的城市：所有行业都要计算机化并发展信息技术，帮助人们修建新的基础设施并运用信息技术。在“智慧国 2015”计划的影响下，2008 年新加坡信息通信行业的产值增长 12.4%，达到 58.1 亿新元；劳动人口增长 6.6%；新加坡 90%超过 200 人的公司的员工都有了自己的网站；移动电话普及率达到 133.2%；94%有孩子的家庭至少有了一台计算机。

新加坡智能交通管理系统使得信息快速而稳定地在道路使用者和交通系统之间来回传输，给行人和司机提供了非常大的帮助，有了这些信息，市民就可以对交通路线、出行时间和出行方式进行自由选择，作出更有利的判断。

有效整合政府活动在新加坡是通过无缝管理和一站式服务实现的，电子政务超过 800 项的公共服务提供了强大的综合治理能力，电子政务服务窗口全天候服务促进了政府机构、企业和民众的充分沟通。

事实上，新加坡正在尝试实施下一代国家电信基础设施。这一方案支持机场、商务中心和购物中心使用这些设施，并为 130 万人建立真正全面的无线网络，其中 35%的人平均每周使用超过 36 小时。

新加坡“智慧国 2015”计划雄心勃勃：在信息和通信技术基础上，发展经济和社会价值，到 2015 年争取为全球第一，使得行业价值翻一番，出口收益为原来的 3 倍；在社会发展领域，到 2015 年，至少 90%的家庭将获得宽带技术，学龄儿童家庭的计算机渗透率达到 100%。

小贴士

专家、城市管理者关于城市大脑的解读（3）

2019 年 3 月 30 日，在第一届中国（上海）城市大脑技术国际研讨会上，中科院上海高等研究院研究员、大会主席封松林，IEEE 会士 Mohamad Sawan，阿里云机器智能首席科学家闵万里等数十位学术界权威，深入探讨了如何构筑数字城市产业发展平台，肯定了城市大脑作为数字城市的基础设施以及可被大规模复制推广的产业化模式。

“城市大脑已经成为数字城市不可或缺的基础设施。”上海市浦东临港智慧城市发展中心主任陆肖元介绍说。早在 2018 年 10 月，上海市临港主城区已经实现城市大脑调度无人机自动巡查管理城市，5 分钟出勤，日飞行里程达到 100 千米以上。城市大脑帮助 40 平方千米辖区内的 100 多位公务员，有条不紊地管理和服务近 10 万人口、8 万多大中小企业的日常生活、生产作业。

专家表示：“不仅是人力成本的节省，通过城市大脑舒缓交通拥堵比建设新道路的成本更低。”“杭州市试点区域市民出行通行时间节省了 15.3%，救护车抵达现场时间减少一半。如果想通过新增拓宽道路、新建停车场等传统做法来实现，在杭州市 420 平方千米的管辖区域，可能要花费数百亿元甚至上千亿元。”

Mohamad Sawan 教授对城市大脑的作用给予了高度评价：“在我的家乡蒙特利尔，包括很多国外的城市，虽然也有人工智能和物联网的应用，但没有像中国这样的城市大脑系统应用，这一点中国走在了前面。”他认为，未来全球的每座城市都会需要这样一个大脑，更好去提升和改善城市的环境、医疗、教育水平，让人民的生活更幸福。

据了解，经过三年创新实践和自主学习，城市大脑的能力在不断进化，所服务的领域也在不断拓展。2019 年元宵节当天，南昌城市大脑接入 8 万路摄像头，通过人工智能进行行为计算，通过大数据将各类流数据嵌入各个场景，形成了全方位的城市文明创建工作。

2019 年 3 月，北京市通州区正式引入城市大脑防控环境污染。大脑通过接入数千个大气监测视频及传感设备，打通了融合城管委、住建局、环保局等多个部门的信息平台；平均每 10 分钟就可完成一次全区域视频扫描。这也标志着城市大脑从交通领域向数字政府精细化管理的纵深领域不断拓展。

此外，闵万里还介绍说：作为科技部第一批人工智能开放创新平台，也是目前城市治理与服务领域唯一的人工智能开放平台，城市大脑不但会提供数字城市建设所需要的技术引擎，更会为加入开放平台的生态合作伙伴、开发者提供技术培训，从而更好地为每座城市建设 SaaS 层的创新应用提供支持。

目前，杭州城市大脑在杭州市、南昌市、台州市、普洱市等境内外十多座城市落地，它利用人工智能、大数据、物联网等先进技术，参与当地的交通治理、环境保护、城市精细化管理、区域经济管理等创新实践[①]。

复习思考题

9.1 城市大脑杭州样本带来了哪些启示？

9.2 为什么说城市大脑的做法是可复制的？

9.3 中小城市建设智慧城市有哪些困难？

9.4 如何解决中小城市建设智慧城市的困难？

9.5 哪些城市借鉴了杭州城市大脑的做法？分别借鉴了哪些方面？

① 东方财富网，http://finance.eastmoney.com/a/201904021086768675.html

第十章

城市大脑的发展展望

学习目标

- 掌握城市研究理论创新
- 理解城市与政治经济、文化和公共关系之间的关系
- 了解全球化视野下的城市史
- 熟知复杂系统化下的城市治理

第一节　全球化视野下的城市治理

2018 年 10 月 26—28 日，第四届全球城市论坛在上海师范大学召开。会议的主题是“历史与现实中的全球城市：概念、方法及其可能”，力求将城市置于全球化的视野下考察与分析，使得微观的城市个体与宏观的城市影响相联系，以此丰富人类在城市建设方面的创造力和想象力。本次论坛的议题涉及城乡关系、城市空间、全球城市、城市政治、城市经济、城市文化、公共政策、城市群体等问题，为我们当今的城市建设和发展提供了新的启示。

一、城市研究理论创新

我们可将城乡关系的演变分为 4 个阶段：古典时代的城市乡村化，即城市为农民的集中体，是农业公社的集中体；中世纪的城乡对立与共生，从早期的纯粹农业社会向城市复兴后城乡关系的对立统一发展；工业化时代的乡村城市化，乡村出现了工业化和城镇化，并且对城市的依附性增强；后工业时代的城市一体化趋势，虽然乡村在经济结构、社会生活方面进一步城市化，但城市和乡村都是在统一体中地位同等的成分。

在城市空间研究理论方面，城市的空间发展不是城市化、郊区化、逆城市化和再城市化的单线发展模式，而是城市化和郊区化可以同时启动和同步发展的多维发展模式，这种聚集扩散论是一种新的城市空间发展理论，它认为在城市的发展进程中始终存在着聚集与扩散两种相辅相成、对立统一的运动。城市空间发展聚集和扩散推动了城市规模的扩大、空间结构的演进、中央商务区功能的高端化以及大都市区结构的多中心化。

二、城市与政治经济

政治因素对于城市的发展起着举足轻重的作用。城市经济发展是城市功能赖以发挥作用的重要物质基础。19 世纪和 20 世纪的城市发展可以从失序与秩序、商业与利润、规划与大城市的角度来分析。

三、城市与文化

城市虽然是世俗的物质世界，但它有着神圣的精神世界。人类文明来源于城市的文化运行，因此城市是孕育文明社会的场所；文化则是城市和新人类间的介质。全球性不仅体现在空间地理方面，更在于它是否拥有一种全球性的观念意涵。城市的价值共享是城市命运共同体召唤的重要价值属性。例如，通过分享本土故事，传递城市人的声音，唤醒城市记忆，启迪人文空间治理的可能性策略。城市的社会性区隔也在营构出众多的“封闭空间”，城市文化的民主属性、平民化色彩可以打破社会场域区隔的壁垒，消除阶级隔阂。人作为城市中的主要活动者，为城市的建设和发展提供了动力。因此，群体在城市中所发挥的作用同样值得人们的注意。

四、城市与公共政策

城市的公共政策和公共基础设施也引起了学者的关注。厦门大学李莉发表的《美国“希望六号”计划与公共住房综合治理》认为，“二战”后为了缓解人口压力，摆脱城市种族隔离、贫困集中、犯罪猖獗等问题的困扰，美国政府于 1992 年出台“希望六号”计划，旨在通过拆除衰败的公共住房旧区，代之以小型的、增加教育和就业机会、提升责任感的社区。虽然“希望六号”计划较为明显地改变了美国公共住房的面貌，但是也在一定程度上实现了贫困分散化的目标。然而，“希望六号”计划也存在公共住房流失严重、低收入者住房供应不足、损害原有社区居民利益等方面的问题。

随着当前城市环境问题的日益加剧，环境保护也纳入城市治理所要考虑的范围。主要是城市中污染问题的加剧、土地景观的变化、科技发展的副作用及严重的经济和社会问题。这种环境保护运动关注的重点转向具体表现如下：城市中自然空间和开放空间的保护；污染和健康问题的关注；环境公平问题的重视。城市环保运动不但改善了城市环境，而且增强了人们对城市自然环境的关怀，从而在寻求经济社会发展和环境保护的平衡中作出努力。

五、全球视野下的城市治理

自 15 世纪地理大发现后，西班牙、葡萄牙、荷兰、英国和法国等国家相继走上了殖民扩张的道路，改变了之前世界各地相互隔绝的状态，世界开始彼此联结、相互联系，全球性日益增强，并且持续至今。而在这一过程中，许多城市也冲破了原有的本土性质而具有全球范围内的联系。

互联网为全球城市发展带来了新的契机，其中包括自由全面的发展、网络思维、基础设施的建设、法律法规的完善、丰富及信息技术的创新。与此同时，互联网还为全球城市的发展提供了新的路径，譬如推动上层建筑的改革、弱势领域的提升、高新技术的创新及人才战略的实施。

在全球城市发展进程中，创造力、吸引力、竞争力是其崛起成为全球要素枢纽的一些重要标志。而在全球城市迭代升级的背景下，一些全球城市通过塑造包容性制度环境、把握全球经济转移机遇、建构引领性人才培养集聚模式、引领低碳可持续发展方向、提升城市软实力、提高城市创新体系水平等举措，提升了城市的创造力、吸引力、竞争力。

城市治理的全面数字化和智能化。未来对城市治理的趋势是全面数字化和智能化治理。数字治理成为城市管理者的共识。

城市大脑也在不断地建设、完善，进而全面连接城市群和城市。城市大脑在杭州市的成功实践是城市数字治理的第一步，接下来是在浙江省全省范围内进行数字治理经验的推广和共享，进而在长三角地区的城市群中展开，最终形成全国范围的城市数字治理的全覆盖。

第二节　复杂系统化下的城市治理

近年来，智慧城市建设出现了新的动向，城市大脑、城市云脑、城市超级大脑、城市超脑、城市神经网络等“泛城市大脑”概念大量涌现。

杭州市、北京市、广州市、上海市等城市提出并实施了不同的城市大脑建设方案，其中上海市实施了以城市神经元系统建设为重点的顶层方案。

在产业领域，腾讯提出了城市超级脑，华为提出了城市神经网络，科大讯飞提出了城市超脑。此外，包括谷歌、百度、阿里、腾讯、华为、360 在内的公司也提出了企业级“大脑”系统。

这些新科技概念产生的背景、定义和未来趋势究竟如何，学术和产业界的认知并不统一。但是，我们可以认为，城市大脑是一个人工智能巨系统，可用来控制一个城市的智能化运转，是综合群体智慧和云机器智慧的类脑智能巨系统。

从 21 世纪的科技发展趋势看，以互联网为核心的技术架构正在发生巨大变化，有学者将这个互联网的新架构称为“互联网大脑”模型，如图 10.1 所示。

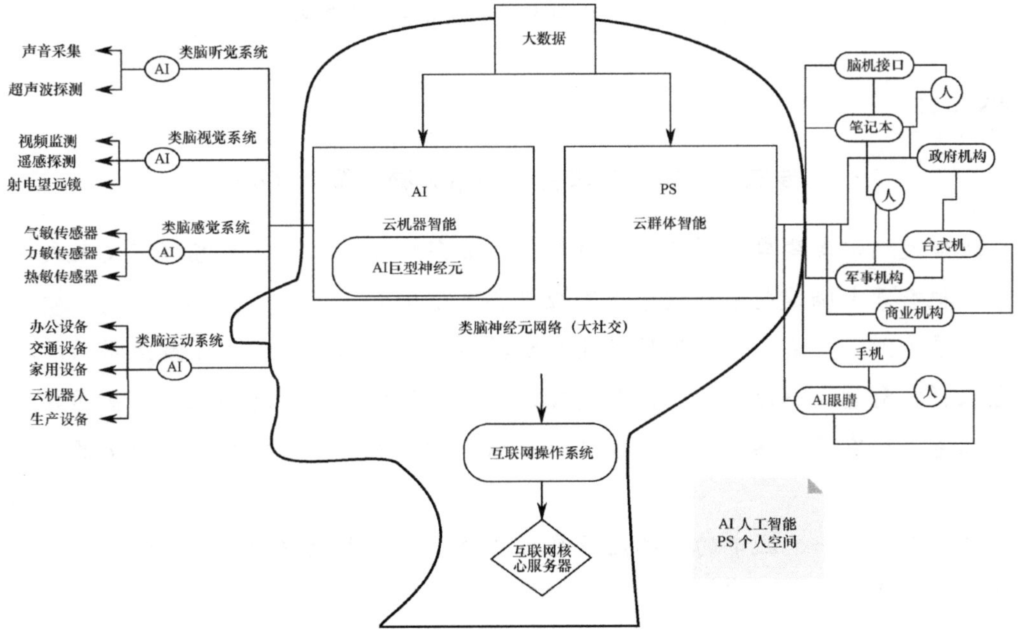

图 10.1 “互联网大脑”模型

2008 年以来，研究团队发现包括社交网络、5G 移动通信、物联网、云计算、大数据、人工智能、工业 4.0、边缘计算、区块链、云机器人等前沿技术的产生和爆发，都与互联网大脑模型的发育有关。

互联网的类脑化进程对人类的经济、文化、社会、科技特别是城市建设，都将产生重要影响，如图 10.2 所示。

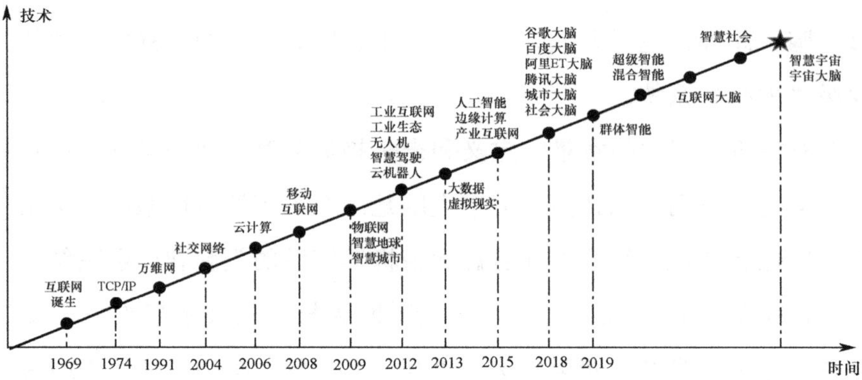

图 10.2 互联网大脑对城市建设的影响

小贴士

专家、城市管理者关于城市大脑的解读（4）

城市大脑学者裴勇在第三届世界智能大会高峰会上表示，智慧城市发展到现阶段应该把智慧大脑建起来，这个大脑应具备 4 个中心。

裴勇谈到，智慧城市在发展了几个阶段后，其实现在已经到了最上层的阶段，即怎么样把智慧大脑建起来，因为基础设施已经不成问题。怎样把城市协同起来，怎样让老百姓有获得感和体验感，怎样让城市看起来更加有智慧、智商更高，这是目前需要做的。

在他看来，一个城市的大脑应该具备 4 个中心：大数据中心、运营中心、指挥中心和治理中心。

裴勇表示，智慧城市大脑一定要本着治理好城市、服务于市民的目的，一定要把老百姓的获得感、体验感放在首位。智慧城市大脑的建设并不只是技术的堆砌，而一定要让客户用起来感觉良好，因此要做到“一个大脑、两个统筹，三级联动”。

在裴勇看来，整个城市大脑不应仅在城市级应用，区级包括乡镇都可以联动。另外，整个数据一定要融合，要把政务数据、物联网数据统一管理起来，然后统筹整个信息资源的共享机制，包括协作机制。

裴勇还谈到，城市大脑的 4 个中心要形成闭环，从发现问题到分析问题，再从解决问题到指挥调度，这是一个过程的闭环，同时整个过程都要做到可视化。

第三节　未来城市

随着城市化和新兴技术的深入融合，特别是随着城市大脑的深入应用，未来城市已经呼之欲出，一个以人民为中心的城市将真正建立起来，城市的服务更加个性化、定制化，城市的公共产品更加专业和贴心，政府无处不在却又无须上门，城市管理者和城市参与者可以随时互动而无须见面。我们逐步清晰地看到城市大脑推动的未来城市的样子，即一个由各种新技术集成的嵌入式、沉浸式的智能化城市。

城市大脑如何赋能城市？未来城市的发展将以何种形态呈现？

一、城市的服务更加个性化、定制化

当你考上大学的时候，社区会主动地帮你安排个性和职业测试；当你就业时，政府会主动推送就业建议和工作信息；当你的孩子出生时，城市已经开始规划他的幼儿园和小学；当你退休时，城市已经安排好你的退休旅行建议。

城市大脑让城市的服务更加个性化和定制化，杭州的城市大脑发展已经逐步印证了这一趋势，城市的管理者以让群众“爱不释手”为目标，让城市的服务更加个性化和定制化。这就是城市大脑充分应用大数据后，小数据个性化定制应用的场景展现。随着城市大脑的不断发展，未来城市这种主动的个性化、定制化将无处不在。

二、城市的公共产品更加专业和贴心

在你所居住的社区，500 米范围内有健身设施，1000 米范围内有公共交通，3000 米范围内有大型购物设施，城市所能提供的公共产品及教育、购物、旅游将更加专业和贴心，每个城市的参与者，无论是市民还是游客，都可以通过城市大脑

享受更为便利的公共产品。所有这些设施都通过城市大脑的中枢系统连接起来，通过城市大脑的算法体系进行优化、推荐。城市大脑的中枢系统连接万物后，实现了资源优化，整个城市就是一个智能的整体，可为城市提供更多、更加专业和贴心的公共产品，让市民和游客有更好的体验。

三、无处不在的政府

使用城市大脑的数字界面和嵌入式服务体系，民众的几乎所有事情都可通过手机和网络办理，而无须上门找政府。有困难，找政府，掏出手机；要办事，找政府，掏出手机。未来的城市管理者将无处不在，民众与政府的距离只是一个屏幕。

四、城市管理者和城市参与者随时沟通

城市管理者和城市参与者通过屏幕动态地互动。城市参与者能够随时提出问题，甚至发起会议，而城市管理者就在屏幕的另一端随时与城市参与者沟通，认真听取问题和建议。当城市参与者希望在会议结束前解决问题时，城市管理者会在屏幕的另一端拟好解决问题的方案。未来的城市每一天都会以这样的方式解决一些具体问题。

复习思考题

10.1 城市研究理论创新体现在哪里？

10.2 城市与政治经济、文化和公共文化之间的关系是什么？

10.3 全球化视野下的城市发展经历了怎样的过程？

10.4 复杂系统化下的城市治理应怎样进行？

参 考 文 献

[1] 王坚. 在线[M]. 北京：中信出版集团，2016

[2] ［美］卡罗尔·斯蒂梅尔. 智慧城市建设：大数据分析、信息技术（ICT）与设计思维[M]. 李晓峰译. 北京：机械工业出版社，2017

[3] 张飞舟，杨东凯，张驰. 智慧城市及其解决方案[M]. 北京：电子工业出版社，2015

[4] Shadi Aljawarneh, Muneer Bani Yassein, We'am Adel Talafha. *A resource-efficient encryption algorithm for multimedia big data* [J]. Multimedia Tools and Applications, 2017, 76(21)

[5] Wonhee Cho, Eunmi Choi. *Big data pre-processing methods with vehicle driving data using MapReduce techniques* [J]. The Journal of Supercomputing, 2017, 73(7)

[6] Bi Yu Chen, Mei-Po Kwan. *Special Issue on Spatiotemporal Big Data Analytics for Transportation Applications* [J]. Transportmetrica A: Transport Science, 2020, 16(1)

[7] Zhaoyi Xu, Xinyu Cheng, Kefei Wang, Shenggang Yang. *Analysis of the environmental trend of network finance and its influence on traditional commercial banks* [J]. Journal of Computational and Applied Mathematics, 2020, 379

[8] Guofeng Ma, Qingjuan Du. *Optimization on the intellectual monitoring system for structures based on acoustic emission and data mining* [J]. Measurement, 2020, 163

[9] Jixian Zhang, Xutao Yang, Ning Xie, Xuejie Zhang, Athanasios V. Vasilakos, Weidong Li. *An online auction mechanism for time-varying multidimensional resource allocation in clouds* [J]. Future Generation Computer Systems, 2020, 111

[10] Chunlin Li, Mingyang Song, Min Zhang, Youlong Luo. *Effective replica management for improving reliability and availability in edge-cloud computing environment* [J]. Journal of Parallel and Distributed Computing, 2020, 143

[11] Godar J. Ibrahim, Tarik A. Rashid, Mobayode O. Akinsolu. *An energy efficient service composition mechanism using a hybrid meta-heuristic algorithm in a mobile cloud environment* [J]. Journal of Parallel and Distributed Computing, 2020, 143

[12] Samuel Fosso Wamba, Maciel M. Queiroz, Laura Trinchera. *Dynamics between blockchain adoption determinants and supply chain performance: An empirical investigation* [J]. International Journal of Production Economics, 2020, 229

[13] Ilker Murat Ar, Ismail Erol, Iskender Peker, Ali Ihsan Ozdemir, Tunc Durmus Medeni, Ihsan Tolga Medeni. *Evaluating the feasibility of blockchain in logistics operations: A decision framework* [J]. Expert Systems With Applications, 2020, 158

[14] Vinay Surendra Yadav, A. R. Singh, Rakesh D. Raut, Usharani Hareesh Govindarajan. *Blockchain technology adoption barriers in the Indian agricultural supply chain: an integrated approach* [J]. Resources, Conservation & Recycling, 2020, 161

[15] Waleed Rashideh. *Blockchain technology framework: Current and future perspectives for the tourism industry* [J]. Tourism Management, 2020, 80

[16] Garcia-Ispierto, F. López-Gatius. *Inducing ovulation with the GnRH analogue dephereline in a five-day progesterone-based fixed-time AI protocol improves embryo survival in anestrous dairy cows* [J]. Livestock Science, 2020, 239

[17] Muhammad Imran, Ferda Ofli, Doina Caragea, Antonio Torralba. *Using AI and Social Media Multimodal Content for Disaster Response and Management: Opportunities, Challenges, and Future Directions* [J]. Information Processing and Management, 2020, 57(5)

[18] Riccardo Righi, Sofia Samoili, Montserrat López Cobo, Miguel Vázquez-Prada Baillet, Melisande Cardona, Giuditta De Prato. *The AI techno-economic complex System: Worldwide landscape, thematic subdomains and technological collaborations* [J]. Telecommunications Policy, 2020, 44(6)

[19] Dirk Nicolas Wagner. *The nature of the Artificially Intelligent Firm - An economic investigation into changes that AI brings to the firm* [J]. Telecommunications Policy, 2020, 44(6)

[20] Bartone, C. R., Bernstein, J. and Leitmann, J., 1992: *Managing the Environmental Challenge of Mega-Urban Regions, Paper prepared for the International Conference on Managing the Mega-Urban Regions of ASEAN Countries: Policy Challenges and Responses*. Bangkok: Institute of Technology, 30 Nov. -3 Dec

[21] JM Eger, Smart Growth. *Smart Cities and the Crisis at the PumpA WorldwidePhenomenon* [J]. IOS Press, 2009, 32(1): 47-53

[22] The Centre of Regional Science. *Smart Cities: Ranking of European Medium Sized Cities* [M]. Vienna University of Technology, 2009

[23] 张飞舟，杨东凯，张驰. 智慧城市及其解决方案[M]. 北京：电子工业出版社，2015

[24] 郭会明，于相宝. 智慧城市建设运营模式研究[M]. 北京：北京理工大学出版社，2016

[25] 徐静，谭章禄. 智慧城市框架与实践[M]. 北京：电子工业出版社，2014

[26] 金江军，郭英楼. 智慧城市：大数据、互联网时代的城市治理[M]. 北京：电子工业出版社，2018

[27] 周加来. 城市病的界定、规律与防治[J]. 中国城市经济，2004(2)

[28] 林家彬. 城市化如何避免城市病[N]. 中国经济时报，2012-10-26(003)
[29] 张忠华、刘飞. 当前我国城市病问题及治理对策[J]. 中共石家庄市委党校学报，2012, 14(1)
[30] 怎样认识城市大脑？怎样建设城市大脑？人民网，https://www.sohu.com/a/339852226_654086
[31] "城市大脑+武林大妈"下城织密阻击疫情"一张网". 浙江新闻客户端，2020-01-29 21:20
[32] 城市会思考，生活更美好——杭州"城市大脑"发布 11 大系统、48 个应用场景. http://de.zjol.com.cn/media/201908/t20190815_10812159.shtml
[33] 胡冬雪. "智慧城市"能否化解城市病？我国智慧城市建设之问题与政策研究（上）[J]. 华东科技，2015(04)
[34] 宋红红，方甜，徐乔，陈江，邵春蕾. "互联网+社区"治理模式创新问题研究——以国内典型智慧社区为例[J]. 中国商论，2017(6)
[35] 刘丽丽. 智慧城市并不遥远[J]. 计算机世界，2010(11)
[36] 专家解读：新一代智能交通管理系统架构与城市大脑的关系. https://www.sohu.com/a/230439108_389742
[37] 王坚. 没城市大脑作基础智慧城市就是空谈. https://baijiahao.baidu.com/s?id=1603941795777105235&wfr=spider&for=pc
[38] 王国平. 城市论[M]. 北京：人民出版社，2009
[39] 中国城市科学研究会. 中国城市更新发展报告（2018—2019）[M]. 北京：中国建筑工业出版社，2019

关于杭州城市大脑协同创新基地

杭州城市大脑协同创新基地是全国第一个以城市大脑产业发展为核心的创业创新基地，旨在积极打造全国新型智慧城市示范性园区。

协同创新基地通过组织政府力量、科研力量、企业力量，探索城市大脑开发建设和产业发展的新机制，共同服务于城市的治理创新。同时，协同创新基地以杭州城市大脑实践为基础，开放城市大脑科技创新平台，凝聚全球范围的人才、团队，重点培育围绕城市大脑建设相关的云计算、大数据、区块链、人工智能等创新型产业，完善城市大脑技术架构体系，构建城市大脑产业体系，打造以行业龙头企业、知名研发机构为引领、大中小企业协同发展的具有国际竞争力的城市大脑产业集群。

协同创新基地的核心企业包括杭州城市大脑公司、通得科技、云仰科技等杭州城市大脑开发核心企业。

杭州云栖工程院

杭州云栖工程院是由民政部门批准的民营非企业法人机构，是杭州城市大脑的核心技术支撑单位，是中枢系统的开发单位，负责杭州城市大脑底层技术的研发、维护等工作。本书编委主要成员、全球知名数据库专家王亚卿先生为杭州云栖工程院的执行院长。

后　记

为了将城市大脑的实践经验提炼为一种方法、一种标准化的体系，本书的编写委员会集合了学术界、企业界、政府界的专家，这些专家分别代表了城市大脑的实践参与者、研究者、产业推动者，为本书的编写倾注了大量心血。事实证明，这也是“政产学研”合作的典范。

本书以杭州城市大脑为案例，集成了多地城市大脑建设的经验，是第一本系统介绍城市大脑的科普性教材，对城市大脑的含义、特征、发展历史、体系架构进行了较为系统的解读。

早在 2019 年年初，编写委员会就提出了本书的构想，并且完成了提纲设计。在 2020 年的特殊日子里，编写委员会各成员克服各种困难，一直在不停地完善与提高稿件质量。

然而，城市大脑自提出到现在，发展依然迅猛，杭州城市大脑不断进化迭代更新，各地参与城市大脑实践探索的热情也进一步高涨。城市大脑在城市治理、便民惠企、社区治理、抗击疫情等方面发挥着十分积极的作用。

城市大脑包罗万象，内容十分广阔，由于时间精力有限，本书的不足之处仍然很多，每临截稿时，城市大脑都会出现新的变化。这也充分印证了城市大脑是鲜活的、动态的。今天，城市大脑仍然只是刚刚起步！

感谢杭州市数据资源局、杭州市西湖区云栖小镇管理委员会。感恩城市大脑的提出者、设计者王坚院士的指引。感恩其他城市大脑的志愿者、开发者、学者。相信城市大脑是这个时代的一个伟大发明！